# Viaje al centro de la fábula

Augusto Monterroso

# Viaje al centro de la fábula

**Alianza** editorial
El libro de bolsillo

Diseño de colección: Estrada Design
Diseño cubierta: Manuel Estrada
Fotografía de Luis Moreno y Miguel S. Moñita

© 1981, Augusto Monterroso
Los derechos de la Obra han sido cedidos mediante acuerdo con International Edi-
tors' Co. Agencia Literaria.
© Alianza Editorial, S. A., Madrid, 2024
Calle Valentín Beato, 21
28037 Madrid
www.alianzaeditorial.es

PAPEL DE FIBRA
CERTIFICADA

ISBN: 978-84-1148-769-6
Depósito legal: M. 15.850-2024
Printed in Spain

Si quiere recibir información periódica sobre las novedades de Alianza Editorial, envíe
un correo electrónico a la dirección: alianzaeditorial@anaya.es

# Índice

9  Presentación

21  La audacia cautelosa
40  Fábulas inmoralistas
47  Inutilidad de la sátira
53  El humor es triste
61  El escritor contra la sociedad
73  Ni juzgar ni enseñar
85  La experiencia literaria no existe
113  Que el autor desaparezca
122  La insondable tontería humana
136  Veneros de la memoria

# Presentación

En sus cuentos, en sus ensayos, en sus fábulas, Augusto Monterroso ha hablado de los dramas y las pequeñas miserias de la creación literaria. Nunca ha sido secreta, para sus lectores, su visión de la literatura. Desde 1959, cuando publicó su primer libro, los escritores y los literatos —hombres y animales— han protagonizado varias de sus singulares ficciones; y los breves ensayos incluidos en el tercero, junto a citas y relatos, se ocupan en su mayoría de los problemas de la vida y las tareas literarias. «Trabajos», los llama en el título de uno de sus primeros cuentos. El tema de la literatura no podía faltar en las páginas de un hombre que ha escrito en su diario: «Para bien o para mal, lo que en mayor medida me acontece son libros, y cuando en uno mío se señala que la primera palabra que la figura principal pronuncia a los cinco años de edad no es ni "papá" ni "mamá", sino "libro" se estaría dando a entender que esta será también la última».

Sin embargo, el lector de sus cuatro primeros libros (*Obras completas (y otros cuentos),* 1959; *La Oveja negra y demás fábulas,* 1969; *Movimiento perpetuo,* 1972; *Lo demás es silencio,* 1978) ha debido deducir esa experiencia literaria, asimilada a la vida misma, de argumentos, personajes y situaciones velados de ironía y ambigüedad. El narrador no labora con ideas sino con hechos y símbolos. Y Monterroso, en particular, había vivido, hasta esas primeras obras, la necesidad de transmutar su realidad a través de la fantasía. Por eso la literatura es, en su representación de la realidad, sólo un aspecto más.

En sus entrevistas, en cambio, la literatura ocupa el centro. Habla, como escritor, de su experiencia, de sus libros, de sus lecturas, y así la palabra «fábula», en el título de este libro, puede ser sustituida por «literatura». Si en sus páginas de creación Monterroso se ha empeñado en rondar imaginativamente el tema de la literatura, en las conversaciones con escritores y periodistas que ellas han despertado no ha podido menos que viajar, obligado por el papel inquisitivo de sus interlocutores, a su centro.

Publicada por primera vez en 1981, esta recopilación fue al mismo tiempo un epílogo y un comentario de su obra primera. Fue, también, el paralelo necesario a su trabajo creativo para conformar una concepción literaria completa. De los nueve diálogos que contiene, el primero en el tiempo data de 1969; el último, incluido en la segunda edición, de 1982. Es decir, miran hacia atrás a *Obras completas* y *La Oveja negra* y son contemporáneos a la escritura de *Movimiento perpetuo* y *Lo demás es silencio.*

No pocos críticos y lectores dudan de las entrevistas como recurso para adentrarse en el mundo de un escritor;

otros les confieren un valor más alto que a la mejor crítica. Los primeros piensan que la palabra oral obliga al escritor a ser superficial, a improvisar, a responder sin meditar, o que esa palabra pudo pasar al papel por mano poco escrupulosa; los otros, que el más dotado para hablar de una obra es su autor. Ninguna posición es justa; si la entrevista merece este nombre, si quien habló en ella pensó en la letra impresa, en el libro. Una buena entrevista debe aportar la lectura —una más, ni más profunda ni mejor por sí misma que otras— que el escritor ha hecho de su obra. Este libro produce el efecto de una sola y larga entrevista en capítulos y nos entrega una autolectura responsable de un escritor.

Augusto Monterroso no ha vacilado en contarlo entre los suyos, pese a su desconfianza ante los ritos intelectuales. Cada una de sus respuestas tiene la concisión, la exactitud y la honradez de sus mejores páginas, y no pocas veces las habita el brillo, el ingenio y la gracia que le son habituales. Los diálogos tienen, también, una cualidad sobresaliente en la producción de Monterroso: la variedad. Por un lado, cada entrevistador marca un tono y un rumbo a la entrevista; por otro, Monterroso, ante la inevitable identidad de diversos cuestionamientos, se preocupa visiblemente por no repetirse, por añadir siempre algo distinto.

El material logrado tiene un doble valor: testimonial y crítico. El escritor relata los orígenes de su formación, sus experiencias vitales y literarias decisivas, cómo y en qué circunstancias escribió sus libros, cuáles fueron sus propósitos y cuáles —a su juicio— los resultados. Al mismo tiempo, o en conversaciones particulares, explica lo que los profesores llamarían su «poética», su teoría de la literatura. Los escritores no son críticos, pero sin un sentido del juicio tan desarrollado como el de los críticos son incapaces de aprovechar las enseñanzas de sus lecturas y de ejercer esa tarea de borrar y limar que llamamos escribir. Cuando habla sobre las relaciones entre literatura, sociedad y política, sobre la naturaleza del humorismo, la sátira y los géneros literarios, o sobre las condiciones necesarias en un escritor, Monterroso amplía y enriquece la poética implícita en su creación y define uno de los conceptos literarios vigentes en la actual literatura hispanoamericana.

La palabra que puede resumir esa concepción es «desinterés». La literatura, para Monterroso, no existe para remediar la pobreza, los vicios o la injusticia del mundo, sino para alimentar la imaginación. En la esfera práctica, la literatura es cabalmente inútil; en la de la mente y las necesidades psíquicas, una eficaz «fábrica de sueños». El compromiso del escritor es de naturaleza artística: con las palabras y la lengua, con el valor literario, antes que con la moral o con la política. Monterroso no niega el contenido político o social de toda literatura, sino la preeminencia que ciertas tendencias quieren adjudicarle dentro de la producción literaria. Monterroso no ha estado solo en Latinoamérica; pertenece a la corriente renovadora que, ante nuestro realismo tradicional, creador de una vasta literatura de tesis y denuncia, buena y mala, buscó otras vías en la imaginación y el experimento verbal.

La obra de Monterroso posterior a este libro (*La palabra mágica,* 1983, y *La letra e,* 1987) le confieren también el carácter, ya apuntado, de epílogo de un ciclo. Cuando un periodista —relata Monterroso en una página de 1984 en su *Diario*— propone al escritor una nueva entrevista, este se rehúsa diciendo: «ya son demasiadas entrevistas, tengo publicado un libro de ellas». Si esas entrevistas fueron útiles y a veces necesarios paréntesis y aclaraciones a sus sorprendentes invenciones, las destinadas a versar sobre sus dos libros posteriores pueden merecer, excusas aparte, ese adjetivo: «demasiadas». Por una razón: no son ya, como los cuatro primeros, obras de ficción. *La palabra mágica* es una colección de artículos y ensayos, acompañados de tres cuentos («La cena», «De lo circunstancial a lo efímero» y «Las ilusiones perdidas»); *La letra e,* los «fragmentos de un diario», 1983-1985. *La palabra mágica* introduce en la obra de Monterroso esa dimensión crítica apenas ensayada en *Movimiento perpetuo; La letra e,* la materia autobiográfica que ha sabido razonar en páginas originales. Libros tan directos y transparentes suelen permitir pocas preguntas a los periodistas.

Los escritos reunidos en *La palabra mágica* —romántica, pero no poco deslumbrante definición de la literatura— pertenecen a órdenes diversos: crítica, teoría literaria, autobiografía, ficción. Monterroso es capaz de admirables valoraciones de Horado Quiroga, Jorge Luis Borges o las novelas hispanoamericanas sobre dictadores; de personales acercamientos al problema de la traducción, la autobiografía, la erudición y los géneros literarios; de vívidos recuerdos de sucesos y personas como Ernesto Cardenal; de dramatizaciones de la experiencia literaria. Su dominio es el ensayo, esa pieza alada apta para las veleidades, las cosas simples y el egotismo. En él, transita de la verdadera crítica —a su pesar— al humor o a líneas que no tienen otro afán que manifestar las sorpresas que nos depara la literatura.

*La letra e* no es un verdadero diario sino una cadena temporal de fragmentos de reflexión que son fragmentos de esa unidad múltiple y diversa llamada persona. «Persona literaria», si se trata de Augusto Monterroso, porque sus días no parecen sino una sucesión de hechos cuya causa son libros, páginas escritas o por escribir, leídas o por leer: conversaciones, encuentros, frases, trabajos, viajes. De la cotidiana experiencia literaria vertida en ese libro, el lector extrae, ante todo, una moral literaria, una actitud ante la vida de escritor, y completa, si leyó los libros precedentes, un trayecto. Porque Monterroso, a través de sus ficciones, sus ensayos, sus entrevistas y su diario, ha recorrido casi todos los caminos de que un hombre dispone para convertir su vida con los libros en algo comunicable.

JORGE VON ZIEGLER, 1988

Viaje al centro de la fábula

*Question:* «Do you?»
*Answer:* «Very»

BÁRBARA JACOBS, en *Endymion,* Saint
Louis, Missouri, nov.-dic., 1970

Fábula: relación falsa, mentirosa, de pura invención, destituida de todo fundamento.

*Diccionario de la Real Academia Española.* Art. Fábula, 2.

# La audacia cautelosa

Advierte García Márquez, refiriéndose a *La Oveja negra y demás fábulas:* «Este libro hay que leerlo manos arriba: su peligrosidad se funda en la sabiduría solapada y la belleza mortífera de la falta de seriedad». Sana advertencia porque el humor de Monterroso —que a veces se convierte en sátira— nos toca a todos por igual desde el momento en que respiramos, somos humanos, cometemos errores y caemos en actos ridículos. Pero detrás de la sátira hay en Monterroso un mar de la tranquilidad, duro y amargo, que revela, sin pretender revelar, vida vivida y desencantos trasmutados en «sabiduría» del texto.

Después de treinta años de residir en México (1944 a 1953, 1956 hasta hoy), cabe preguntarse si el guatemalteco Monterroso —que vivió las vicisitudes políticas de su país, sufrió a Ubico, fue diplomático con Arévalo y Arbenz y luego exiliado— no pertenece ya a esta cultura, o mejor, si el mexicano Monterroso no tuvo acaso el accidente de nacer y vivir la adolescencia en Guatemala. De todos modos, pendiente o anulada la repuesta, lo cierto es que los libros de Monterroso, breves, escuetos y casi perfectos (*Obras completas (y otros cuentos),* 1959; *La Oveja negra y demás fábulas,* 1969, y *Movimiento perpetuo,* 1972) pertenecen a la literatura latinoamericana y dan el ejemplo singular de una coherencia vocacional que es, como el propio autor, difícil y huidiza, crítica y autocrítica, tímida y osada.

# I

JORGE RUFFINELLI. Entre los escritores cautelosos pondría dos casos: el de Borges y el tuyo. Durante un tiempo Borges no escribió directamente narrativa sino formas oblicuas de narración, porque, según él, lo intimidaba la literatura. ¿Por qué eres cauteloso tú?

AUGUSTO MONTERROSO. Por miedo.

—¿A qué atribuyes ese miedo?

—Tal vez a que soy autodidacto y a que nunca he creído ser escritor. Todavía ahora cuando me enfrento a la tarea de escribir algo lo hago como lo hacía a los diecinueve o veinte años: completamente desarmado. Nunca he podido superar ese miedo que tú llamas cautela.

—Lo curioso es que tu humor y la soltura de tu estilo saben esconder muy bien ese miedo.

—Los animales muy cautelosos se disfrazan, o se mimetizan; pretenden ser otra cosa. Probablemente yo me haya estado disfrazando de hormiga por el temor de presentar demasiado blanco ante el público o ante mis amigos. Quizá no tener estudios académicos me haya hecho así y de ahí parta todo.

—Entonces háblame de eso.

—Yo prácticamente no fui a la escuela, por lo menos no terminé la primaria. Cuando me di cuenta de esa carencia, a los dieciséis o diecisiete años, me asusté y traté de superarla yendo a leer a la Biblioteca Nacional de Guatemala, sin lograrlo. Subconscientemente todavía estoy haciendo la primaria, preparándome para la primaria. Quizá por eso me gusten tanto los textos escolares, sobre todo ahora que ciertas cosas mías aparecen en alguno que otro. Es una sensación extraña: los miras por casualidad y de pronto te encuentras allí, e incluso te piden que señales tus propios pluscuamperfectos.

—¿Qué te llevó a tomar conciencia de esa necesidad?

—Bueno, lo que nos lleva a muchos a leer o a escribir: ciertas incapacidades físicas para compartir otras experiencias de muchacho: los juegos, los deportes. Inhabilidades, timidez, timideces. De niño fui malo para correr, para cualquier ejercicio, para nadar. Siempre recuerdo a alguien, sobre todo a mi hermano, sacándome del río una y otra vez, medio ahogado. De pronto, al llegar a la adolescencia me encontré con que carecía ya no sólo de educación sino de cosas tan elementales como zapatos presentables ante las muchachas de que te enamoras y, como consecuencia, de otras cosas necesarias, como soltura o audacia para agarrarles la mano. Entonces te refugias en los libros, o en billares de mala muerte. Por otra parte, yo suponía que cualquiera que hubiera hecho una carrera forzosamente lo sabía todo. Con el tiempo me he ido dando cuenta de que eso no siempre es así, pero en ese momento yo sentía la necesidad de saber algo y de empezar por los nombres más universalmente conocidos. La idea era esta: con sólo mirarme, ese señor se va a dar cuenta de que no he leído a Cervantes, a Dante, a Calderón de la Barca, para no hablar de Gracián y Andrés Bello y don Juan Manuel y... medio pesadilloso, ¿no crees? Pero en fin, así era y así sigue siendo. Hace apenas unos años trabajé en la edición de las *Obras completas* de Alfonso Reyes corrigiendo las pruebas de galera. Nunca me atreví a ver personalmente a don Alfonso por el temor de que de pronto me preguntara: «Oiga, Fulano, ¿se acuerda de tal verso de Tirso de Molina?», y yo naturalmente no lo supiera. Qué le vamos a hacer.

—De modo que un sentimiento de gran carencia despertó en ti una gran ambición.

—No necesariamente ambición. Sólo me hizo sentir cada vez más pequeño ante la literatura. Los modelos que yo veía eran tan inmensos que de ahí puede venir esa cautela que señalas.

—¿Dejaste la escuela por necesidad de trabajar?

—La escuela la dejé por aburrimiento, por pereza y por, ¿otra vez?, por miedo. Por necesidad económica comencé a trabajar desde los quince años.

—¿En cosas muy ajenas a tu inclinación?

—Si yo tenía alguna inclinación, no lo sabía. Trabajé en una carnicería desde los dieciséis años hasta los veintidós, o algo así, absolutamente todos los días del año, excepto el Jueves Santo, porque el Viernes Santo no se vendía carne. Durante más de dos años mi trabajo comenzó a las cuatro de la mañana, excepto ese jueves increíble. Caminaba hasta el rastro unas cuarenta cuadras, lo que ahora veo como un gran bien: tal vez durante esas madrugadas comencé a reflexionar en lo que leía. Durante el resto del día se presentaba la oportunidad de robar bastante tiempo para leer. Todavía despierto con la pesadilla de que los patrones me sorprenden leyendo. Estudiaba gramática y latín (llegué hasta *rosa rosae*) y trataba furtivamente de traducir cosas de Horacio, de Fedro. Por cierto que encontré un jefe sumamente amable, de nombre Alfonso Sáenz, que me regaló libros, entre otros las obras de Shakespeare, en las ediciones de Blasco Ibáñez. También me dio a leer a Lord Chesterfield, con quien creo que comencé a tener una idea de lo que era la buena literatura. Este señor me hablaba también de Juvenal y me hizo leer las novelas de Victor Hugo y creo que hasta las cartas de Madame de Sevigné. Nunca lo he vuelto a ver ni a saber de él.

—¿En esa época tu afición era sólo a leer o también a escribir?

—Solamente a leer. Era demasiado consciente de mi ignorancia como para intentar publicar algo, aunque finalmente lo hice, creo que por 1941 o 1942.

—Muchas veces, dados sus resultados, la enseñanza académica no es mejor que el aprendizaje por uno mismo.

—Ser autodidacto es aleatorio y uno ve cómo se las arregla, pero de ninguna manera es recomendable. Todo el mundo debería tener estudios serios. Yo no los hice por pobreza y por miedo a los exámenes. En realidad dejé la escuela por esto último, pero todavía lo estoy pagando.

—Quería preguntarte si eras un lector breve, como eres escritor breve; pero ya me lo has contestado y la respuesta es negativa: trataste de leer todo lo que tenías a la mano.

—Sí; soy más lector que escritor. Dedico muy poco tiempo a escribir.

—¿Cómo te sientes ante Proust, Mann o Musil, autores de muy amplia obra, como lector?

—Como de costumbre, a Mann y a Proust comencé a leer-los por cierta obligación, pero terminé por tomarles el gus-to, sobre todo a Thomas Mann, a quien leíamos más en los cuarenta. Remontar *La montaña mágica* mientras veía pasar frente a mí los cuartos de las reses fue maravilloso. Proust se afianzó más tarde. Necesité otro ambiente y otro tiempo para acostumbrarme a su ritmo.

—¿Te interesa la novela, como lector?

—Ya no tanto; leo con gusto trozos de muchas; en reali-dad más bien las examino. A no ser por razones técnicas o puramente de forma, no entiendo cómo alguien dedica-do un tanto a este oficio puede interesarse en una novela muy extensa de hoy (aunque sí entiendo que la escriba): la mayoría de las norteamericanas son vulgares, las rusas y las inglesas no existen, las francesas son afectadas o abu-rridas hasta lo indecible (todas las latinoamericanas son perfectas, pero tienen el defecto de ser muchas). Incluso un estilista tan consumado como Nabokov sólo logra lle-varme a una tercera parte de las suyas. Me imagino que las novelas, algunos cuentos muy largos, quizá hasta las películas, están hechas para los que no saben cómo se ha-cen, y es un gran bien no saberlo. Desgraciadamente, hoy sé que los personajes de las novelas no son reales; en cam-bio, fueron y siguen siendo reales Alonso Quijano, Lemuel Gulliver, Huckleberry Finn y, ¡ay!, Leopoldo Bloom. Sin embargo, como personas y como escritores los novelis-tas me dan envidia: ¡Qué manera de tener ocupada la pro-pia mente!

—Una vez te oí decir que no te gusta Musil, en presencia de García Ponce. ¿Lo hiciste para polemizar con él, que es muy musiliano, o bien así lo sientes?

—Supongo que lo hice para conversar más a gusto. Pero en realidad nunca pude comprender a Musil, o mejor dicho, sentir a Musil. Intenté con buen ánimo leer *El hombre sin cualidades.* Las primeras cincuenta páginas me parecieron fascinantes, las segundas también, y pensé que sucedería lo mismo con el resto. Desgraciadamente a partir de ahí me di cuenta de que era siempre igual, siempre igual, y de que él sabía que era irónico.

—Pero tú eres irónico, ¿no?

(Respuesta censurada).

—Me refiero a que has escrito mucha sátira.

—De vez en cuando la ironía es un buen elemento retórico de la sátira. Pero, a no ser como ironía, ¿cómo puede uno pensar: «Soy irónico»? La ironía está bien para cuando uno se pelea con su mujer, aunque generalmente es ella quien la usa. En cualquier texto, satírico o no, puede entrar la ironía, pero como recurso literario, no como característica personal, y menos consciente, del autor. ¿Te imaginas lo ridículo que habría sido si Cervantes en su autorretrato hubiera dicho: Este que veis aquí, de rostro aguileño, de espíritu irónico, etcétera? Me pareció que Musil casi lo decía.

—Creo que la ironía de tu sátira se advierte más en *Obras completas (y otros cuentos).* Allí creo advertir mayor intención irónica al establecer diferentes casos, como el de la concertista con su padre influyente, el del escritor por fuerza de voluntad, el del productor de conmiseraciones. el de la Primera Dama. Es decir, ahí hay una dirección tuya, que tiende a determinados ejemplos personales y sociales. Para confirmar esta sospecha te preguntaría: ¿tienes la experiencia de gente que se haya sentido aludida en tus textos?

—Hay varios casos; pero uno es excepcional.

—¿Alguien se sintió aludido? ¿Cómo reaccionó?

—Estaba aludido, casi nombrado. El cuento se lo di a leer al propio personaje. Era un gran amigo mío, y me pareció ético que fuera él el primero en leerlo antes de enviarlo a la imprenta. Es ese cuento en que alguien propone el servicio de una radiodifusora especializada para que las gentes relaten desde ella, todos los días, sus tristezas, sus penas y sus angustias. El personaje era bien conocido entre nuestro grupo de aficionados a la literatura; el prototipo de esas personas que dedican prácticamente todo el día a contar a los demás sus aflicciones y sufrimientos. Todos somos un poco así; pero en aquel tiempo él había llevado la cosa a ciertos extremos. Cuando el cuento estuvo listo, al primero que se lo mostré fue a él. ¿Sabes cómo reaccionó? Tuvo la valentía y el buen gusto de decirme: «Este soy yo, ¿verdad?». Y fue tan elegante que incluso me ayudó a corregir el estilo, echando a perder por un momento el dicho de Horacio según el cual nadie se reconoce en una sátira.

## II

—Una curiosidad: ¿por qué pasaron diez años entre este libro y *La Oveja negra y demás fábulas* (1969)?

—Tal vez por la cautela de que hablaste al principio, y porque soy lento para escribir y generalmente muy perezoso.

—Pero entonces me llama la atención que después de *La Oveja negra* no se hiciera esperar mucho el libro siguiente: *Movimiento perpetuo* (1972). ¿Continuaste escribiendo en esos diez años?

—En esos diez años hice los dos libros, que aparecieron con fechas diferentes y más o menos cercanas, de la misma manera que hace quince años estoy escribiendo otro, que voy a publicar no sé cuándo. Los tres se han ido haciendo paralelamente y publicándose cuando cada uno ha adquirido (o vaya a adquirirla, en el caso del que preparo) su forma de libro.

—Y son diferentes entre sí.

—No entiendo muy bien.

—Por ejemplo, *La Oveja negra,* obviamente, está compuesto de fábulas, mientras que los otros no se disponen en esa forma ni tienen la misma intención estética.

—La explicación tal vez esté en que nunca me he propuesto escribir un libro; lo más que me propongo escribir es un cuento, un ensayo, algo breve. Quizá la única ocasión en que en un momento dado sí sentí que me lo proponía, por lo menos con alguna unidad de género, fue en el de fábulas.

—En *La Oveja negra* entiendo que hay una unidad de escritura, no sólo porque son fábulas; también las escribías para completar el conjunto.

—Sí; por primera vez, cuando llevaba hechas unas diez, me di cuenta de que podía escribir un libro en esa forma. Entonces escribí otras tantas. Y al escribirlas me aterrorizó la idea de que tenía que escribir el doble; pero seguí adelante, ya con la idea, sí, eso es, de completar un libro. Finalmente me permití, incluso, el placer de desechar una media docena que me parecieron aburridas. Los otros libros son cuentos o algo parecido que he ido publicando aquí y allá; no todo, claro.

—Tus libros me dan la impresión de un gran pesimismo esencial. ¿Lo reconoces?

—Sí, soy pesimista; pero creo que en mi caso el pesimismo es un optimismo. A veces me pregunto si no será una pose o algo así para hacerme el interesante conmigo mismo, puesto que si uno sigue haciendo cosas ese pesimismo no es tan absoluto. Me refiero a hacer cosas no necesarias para la mera subsistencia. Decir, como en este caso, que eres pesimista, lleva implícita la idea optimista de que alguien lo va a oír o a leer. Depende de tantas cosas. Tienes que ser forzosamente pesimista respecto del progreso, por ejemplo. Esta forma de pesimismo sí la padezco: se seguirá desarrollando esta serie de destrucciones y esperanzas, destrucciones y esperanzas hasta el infinito.

—¿Qué piensas entonces?

—Que no hay esperanza.

—¿Que vamos hacia la destrucción?

—Estamos en la destrucción; no vamos a ninguna destrucción. Es fácil darse cuenta de que todo es la misma repetición, la misma estupidez. Y sin embargo, si en este momento tú me dices que vaya a una manifestación en homenaje a Salvador Allende yo iría con entusiasmo. ¿Qué clase de pesimismo entonces? Hay un pesimismo del instante próximo, y otro del día próximo, y otro del futuro de la humanidad. No quisiera ser de ese tipo de pesimista que no cree que la realidad contemporánea se puede cambiar por una mejor. Claro que se puede. Lo que no podemos saber es qué va a pasar tres generaciones después. Es triste.

—El tuyo es entonces un pesimismo esencial; pero no obsta para que en la vida cotidiana, durante el ciclo de vida que te toca cumplir, intentes mejorar lo existente. Pero consideras que no está en las manos de una generación hacer el futuro.

—En todo caso, no hay futuro, o sólo un futuro muy inmediato, y ese sí vale la pena intentar cambiarlo, pero ya.

—Esto lo relacionaría con tu sátira, que precisamente no es hiriente, sino que busca señalar los errores humanos para adquirir conciencia de ellos. En ese sentido te diría que es una sátira sana y alegre.

—Está bien.

—Pero asimismo con una base amarga.

—No sé. Un amigo me dijo que *Movimiento perpetuo* es un libro muy amargo. Pero estoy más acostumbrado a que me digan: «Qué divertido». Cuando ese amigo me dijo: «Tu libro es muy amargo», encontré que verdaderamente yo había puesto allí más de lo que imaginaba de mis propias experiencias que, por lo que veo, no han sido siempre muy placenteras, y yo no me había dado cuenta. ¿Es esa la impresión que da el libro?

—Sí, es la impresión general. Analizándolo, puedes comprobar que hay textos muy amargos, y precisamente por eso quedan en la memoria, pesan más en el balance. Incluso pareces volcarte más en ellos. Aunque el libro no sea autobiográfico, se siente que estás hablando de ti con desconsuelo. Esa nota se encuentra en este libro más que en los anteriores. Aunque en todos tratas de los defectos humanos, creo que puede reconocerse un tono más personal, menos frío, aquí, en *Movimiento perpetuo.*

—Bueno, será algo inconsciente. Jamás me he propuesto escribir algo amargo o alegre. Empiezas alegremente y el mismo texto va sacando las vivencias escondidas, agazapadas quizá. Uno se hace la ilusión de que está hablando de otro e insensiblemente termina hablando de sí mismo.

—¿No explicaría eso que este libro tuyo es fruto de un período, de una instancia de vida determinada, diferente a las anteriores?

—No lo creo; todos mis libros abarcan muchas épocas, buenas o malas. El mundo entero sabía cuando Thomas Mann estaba escribiendo una novela, pues él lo anunciaba, y ahora es fácil decir si en esa época su vida estaba bien o mal. Todo el mundo sabe que Schubert escribió «La trucha» cuando disfrutó de una temporada en la casa de un amigo, vivió allí quizá sus únicos seis o siete días felices, y por eso «La trucha» es tan alegre. Eso se puede determinar. Salvando las distancias, en el caso de los cuentos de *Obras completas,* por ejemplo, no, porque hay en ellos como doce años de trabajo. Su publicación es tardía —del 59— y en él hay cosas que escribí en el 46. Hay también en él diferentes humores. «Vaca» es producto de una vivencia real de cuando viví exiliado en Chile, del 54 al 56. «Mr. Taylor» fue escrito en Bolivia, en 1954, y está dirigido particularmente contra el imperialismo norteamericano y la United Fruit Company, cuando estos derrocaron al gobierno revolucionario de Jacobo Arbenz, con el cual yo trabajaba como diplomático. «Mr. Taylor» es mi respuesta a ese hecho y por cierto me creó una cantidad de problemas de orden estético. Yo necesitaba escribir algo contra esos señores, pero algo que no fuera reacción personal mía, ni porque estuviera enojado con ellos porque habían tirado a mi gobierno, lo cual me hubiera parecido una vulgaridad. Claro que estaba enojado, pero el enojo no tenía por qué verse en un cuento. Precisamente en los días de los bombardeos a Guatemala, cuando lo escribí, tuve que plantearme un equilibrio bastante difícil entre la indignación y lo que yo entiendo por literatura. Sinceramente, creo que lo logré. «Primera Dama» obedece también a una reacción de tipo político, pero muy diluida, digamos, para que finalmente el producto se pareciera a algo literario. (Entre paréntesis te contaré que en cierta ocasión una señorita me preguntó, para un periódico, si en lo que escribo hay algún mensaje. Yo le contesté que sí, que en todo lo que escribo hago llamados a la rebelión y a la revolución, pero desgraciadamente en una forma tan sutil que por lo general mis lectores se vuelven reaccionarios). Pues bien, esta «Primera Dama» me sirvió para retratar a cierta clase media guatemalteca bajísima (es casi la única que hay) en el poder, y su actitud ante los problemas sociales. «Sinfonía concluida» es un cuento absolutamente gratuito: simplemente me gustó la posibilidad de que alguien encontrara en una pequeña ciudad de Guatemala los dos movimientos faltantes de la *Sinfonía inconclusa* de Schubert, e imaginar qué sucedía; por supuesto, no tiene ninguna base en la realidad. Escribí «Leopoldo (sus trabajos)» por 1948, en una época en que yo mismo me sentía incapaz de escribir, y no me decidía a ser escritor. En cuanto a «El concierto» había una hija del presidente Truman, ¿murió ya el presidente Truman?, entonces ya se puede contar. Había una vez una hija del presidente Truman que era cantante. Durante la presidencia de su papá dio conciertos y la prensa, excepto en dos o tres ocasiones, los comentó con benevolencia e incluso con elogios. El hecho es que ella daba conciertos aprovechando el poder de su padre. Yo vi que en eso había un tema, pero para no hacer tan evidente el lado político la convertí en pianista y al padre en un gran financiero que le podía pagar sus apariciones en público y atraerle un público y lograr buenas notas en los periódicos. Sin embargo, en el cuento esta pobre mujer se fue convirtiendo, de protegida de su papá, en algo que no era lo que yo quería. El tema se transformó en el de la duda del artista respecto del elogio y el éxito. Después de los conciertos ella oye los aplausos y más tarde ve que las críticas son favorables, pero curiosamente, a medida que estas lo son más, de un modo u otro intuye la realidad de que todo aquello no es cierto, de que entre más elogiosas, las críticas son menos reales. Ha adquirido el sentido de la duda. Debe de ser una inmensa dicha no tener ese sentido. Al escribir el cuento, en un momento dado experimenté toda la angustia que esa mujer podía sentir. De modo que comienzo dizque satirizando a ese ser que nada me importa, o que me importa nada más como tema, pero termino más bien revelando algo que está en mí o descubriendo que esa señora, como diría Flaubert, soy yo. En el fondo de uno mismo, ¿cuál es la realidad? Supongo que todos los que escribimos (o pintamos o cantamos) nos hacemos alguna vez esa pregunta. ¿Cómo se sentiría el boxeador Primo Carnera, campeón de peso completo del mundo, cuando supo, si alguna vez lo supo, que todo había sido una manipulación para hacerlo campeón?

—Hablamos ya de la escritura de *La Oveja negra y demás fábulas,* pero quiero preguntarte por tus temas: ¿cómo surgieron?

—Fueron hechas en un solo impulso de alrededor de un año. Sin embargo, los temas y las vivencias, o las cosas que yo quería expresar, estaban ya en cuadernitos y en anotaciones desde mucho tiempo atrás: pero sucede que yo no encontraba la forma de expresar todo eso. No me gusta repetirme. Personalmente siento que uno no debe encontrar jamás una fórmula (mejor que «forma»). Por eso en esas fábulas hay muchos estilos, diferentes extensiones, distintas perspectivas, varios «puntos de vista». Insisto en que en cierto modo es fácil encontrar un estilo personal o una manera que uno declara ya apta. ¿Cómo te diré? Supongamos que el cuento «Primera Dama», como es la realidad, me gusta mucho, que me salió bien, entonces el próximo cuento lo voy a escribir dentro de esas características y voy a hacer diez o quince con el mismo procedimiento y a publicar un libro. Pues no, no puedo. Después de hacer ese, por alguna causa misteriosa siento que ya no debo hacer otro ni siquiera parecido. Bueno, el caso es que tenía, por esa razón, muchos proyectos de cuentos que no hacía. Y así fue como un día escribí más bien una fábula (cosa que nunca había intentado) y otro día otra, y otro otra, hasta que me di cuenta de que había encontrado el género que necesitaba.

—A tus ejemplos de no reiteración yo añadiría uno de tus cuentos más famosos, «El dinosaurio». Nunca lo reiteraste, no intentaste otros de igual extensión mínima. Un autor diferente hubiera tratado de escribir nuevos cuentos de una sola línea, como explotando el filón.

—Puede ser. En vez de buscar la seguridad yo me aferro a la inseguridad, la aventura, o como quiera que se llame, lo cual aparentemente es muy neurótico. Por esa razón, como te decía al principio, siempre que me pongo a escribir algo nuevo es como si tuviera dieciocho o diecinueve años y me encuentro tan desarmado como a aquella edad. Tal vez por eso casi no escribo; esa es la verdad.

—Me hablabas de las fábulas.

—Bien, el género estaba encontrado, pero incluso dentro del género procuré no usar una fórmula.

—¿Tus apuntes, entonces, no tenían forma de fábulas, eran simplemente apuntes que utilizaste al encontrar ese estilo, ese género?

—Sí, eran contemporáneos de otros textos, pero nunca realizados antes de encontrar el género. Bueno, me dije, vamos a hacer fábulas. Naturalmente, eso me preocupó mucho. ¿Cómo hacer fábulas? No debían ser como las de Iriarte y Samaniego. Había también fabulistas modernos como Thurber, Bierce u otros. Esto también me creó problemas porque yo no quería hacer lo mismo. Una vez embarcado en el proyecto, de puro miedo comencé a adquirir las fábulas completas de Esopo, La Fontaine, etcétera, con ánimo de leerlas todas y aprender a hacerlas. Pero me di cuenta de que eso era una tontería, de que precisamente no debía leerlas y sí hacer lo mío como Dios me diera a entender. Quizá habrás leído u oído decir que en algo se parecen las mías a las de Thurber. Creo que se trata de una comparación algo mecánica. Soy gran admirador de Thurber, pero casualmente no del fabulista (del cual leí hace años algunas traducidas por Jaime García Terrés) sino del ensayista, del caricaturista, y sobre todo del autor de uno de los mejores cuentos que se hayan escrito: «La vida privada de Walter Mitty», una especie de Don Quijote en seis páginas.

—¿De modo que no volviste a consultar nada?

—No; si tenía una especie de idea inmanente de lo que es una fábula, como todo el mundo, ¿para qué buscar más?

—¿Cómo encontraste la «forma»?

—Haciéndolas, y dejándome llevar un poco por el instinto hasta que cada tema tomara sus propias dimensiones y su propio lenguaje. Se puede ver en algunas, como «La parte del León», que empieza exactamente con las mismas palabras de una de Fedro. Tiene forma no en verso, pero sí clásica. Al contrario, cuando hice una sobre Kafka tuve que usar un lenguaje moderno, con una concepción diferente, circular, que diera una idea del infinito, tal como salió, espero. Hay otras contadas en el estilo de Victor Hugo o Tolstói, como «La jirafa que de pronto comprendió que todo es relativo». Aparecen en ella dos ejércitos que se enfrentan. Yo tenía en la mente las batallas de *La guerra y la paz,* o las de *Los miserables,* Waterloo y esas cosas. Es una tontería decir esto, pero mi problema era cómo describir una batalla en media página usando las grandes frases de la novela histórica del siglo XIX: «Los generales arengaban a sus tropas con las espadas en alto, al mismo tiempo que la nieve se teñía de púrpura con la sangre de los heridos», etcétera. Claro que en donde vive la jirafa no hay nieve ni de broma. Otra, «Gallus aureorum ovorum», pretendí escribirla en el estilo en que lo hubiera hecho Tácito (en la traducción de Coloma que todos conocemos, por supuesto). La anécdota de «Gallus» es tan vulgar que necesitaba estar revestida de un tono absolutamente severo, e incluso hay en ella referencias al propio Tácito y hasta al poeta Estacio. Así que en ninguna hay una forma o fórmula que hubiera servido para las otras. Cada una exigió su propio tratamiento.

—¿Qué me dirías sobre *Movimiento perpetuo*?

—Es un libro misceláneo: yo no «quería» hacerlo desde un principio. Se fue haciendo con pequeños ensayos y cuentos de diverso carácter; algunos textos fueron escritos para él, otros estaban hechos sin saber que irían a parar allí. No tengo mucho que decir sobre este libro, tal vez porque está demasiado cerca. Es como una antología personal de cosas que he ido publicando aquí y allá; como de mis otros libros, espero que no tenga ninguna unidad.

—Primero pruebas tus textos en otros campos. Pero el próximo libro, la Vida de Eduardo Torres[1], ¿no será inédito, precisamente?

—No; lo he venido publicando por partes desde 1959, cuando el personaje apareció por primera vez en la *Revista de la Universidad de México* y creó un principio de polémica. Se trata de un sabio, un prócer de provincia, pero prefiero no hablar mucho de él. A pesar del tiempo transcurrido desde entonces, no quiero dar la impresión de que se lo he dedicado todo. Pasan muchos meses en que no le añado ni una línea, en que estoy haciendo otras cosas, pero preferentemente nada. No tengo ningún método ni disciplina para el trabajo. Retomo el libro cada tres, cada seis meses, y le añado una página o dos.

—Trabajando de ese modo, ¿no se te aleja el tema?

—No; el tema siempre va conmigo; lo que me da pereza es el trabajo. Tal vez sí sienta que el personaje se me ha salido antes de tiempo a la calle, pues muchos amigos míos lo citan ya como existente. Tengo cierta esperanza de terminarlo este año y de que sea un libro breve, de unas ciento veinte páginas. Pero eso es una ilusión; probablemente tendrá el doble. Me gustaría hacer una edición limitada para regalarla a mis amigos. Creo que mi editor Joaquín Mortiz preferiría eso.

—¿Lo escamotearías al lector cuando, como dices, ya ha tomado estado público?

—Tengo mis dudas.

—¿El libro tiene una continuidad interna, novelística?

—Tiene una diversidad interna y una unidad externa, aunque yo mismo no sepa muy bien qué quiera decir eso.

---

1. *Lo demás es silencio (La vida y la obra de Eduardo Torres),* Ed. Joaquín Mortiz, México, 1978. (Alianza Editorial, Madrid, 2022).

Tal vez que también he usado aquí varios estilos. Su unidad consistiría en que todo el libro trata del mismo personaje. No sé si por esa razón parecerá una novela o quién sabe qué cosa. ¿Podríamos cambiar de tema?

—Quiero hacerte una pregunta, pero antes otra cosa preámbula: ¿«La cucaracha soñadora» es un homenaje a Borges?

—No se me había ocurrido; pero me gustaría pensar que todo lo que he publicado es un homenaje a Borges.

—Esa era precisamente mi pregunta: ¿cómo consideras a Borges?

—Eso está contestado claramente en un texto de *Movimiento perpetuo.*

—Entonces, parafraseando ese texto, te preguntaré si la lectura de Borges ha sido para ti «benéfica» o «maléfica».

—Creo que benéfica, porque siempre me di cuenta de que en él había una parte maléfica: su propio brillo. Los que se le acercan demasiado caen achicharrados. Borges es tan él que imitarlo es fácil, y muchos han caído en su trampa. Se explica: es más tentador imitar a Góngora que a Garcilaso, pero más difícil lo segundo. Por otro lado, Borges nos ha enseñado mucho: todo un mundo de literatura, y tras de ese mundo, otros de rigor, de imaginación. Nos ha enseñado hasta cómo no se debe ser en política, si es que sus declaraciones no son simples bromas de mal gusto. Pero hasta en eso sería primero: el escritor importante de más mal gusto político de América Latina, como para Premio Nobel. Bueno, en este terreno tal vez hay otros, pero aunque quisieran que se les notara, se les nota menos.

1976

# Fábulas inmoralistas

Érase que se era una fábula cansada de los sustantivos: deseaba que la adjetivaran. Érase que se era una entrevistadora cansada de los monólogos:

MARGARITA GARCÍA FLORES. ¿Por qué en esta ocasión escogió el género fábula?

AUGUSTO MONTERROSO. Por el placer de experimentar y porque se trata de un género sumamente fácil: uno sólo tiene que encontrar el tema, escribir la fábula y después pasarla en limpio; no como sucede con los cuentos comunes y corrientes, que dan mucho trabajo a pesar de que en cada época siempre terminan por caer en unas cuantas convenciones o fórmulas.

—Esas convenciones, ¿no son las mismas en todas las épocas?

—Yo creo que no. Por ejemplo, en un cuento moderno a nadie se le ocurre decir cosas elevadas, porque se considera de mal gusto, y probablemente lo sea; en cambio, si usted atribuye ideas elevadas a un animal, digamos una pulga, los lectores sí lo aceptan, porque entonces creen que se trata de una broma y se ríen y la cosa elevada no les hace ningún daño, o ni siquiera la notan. Yo no pretendo que en mis fábulas haya cosas elevadas; lo que sí puedo decirle es que si las hay están dichas en forma tan subterránea que de elevadas no les ha quedado nada. Vea otra de esas convenciones. Hace unos años, creo que desde Huxley, se solía escribir: «¡Es usted un cobarde!, *rugió* X». «De ninguna manera, *graznó* Z». En 1969 esto suena afectado, no se oye bien. En cambio, asombrosamente, si hoy se dice de un león o de un pato que rugió o graznó, se acepta como algo natural y el efecto en el lector es de veras tremendo.

—¿Cree usted que sus fábulas pueden ser leídas con provecho, o más bien diría, sin peligro, por los niños?

—Sí; están hechas especialmente para ellos, pero con la condición de que para leerlas esperen a ser adultos, cosa que en nuestros días se consigue tan rápidamente que la segunda infancia se vive hoy en lo que antes constituía la juventud, de manera que para gozarla ya no es necesario esperar la vejez. Puede ser que los niños propiamente dichos sufran un shock leyéndolas, por la manera en que aparecen sus padres, encarnados en asnos, cerdos o simples gallinas; pero a medida que crezcan y se parezcan cada vez más a ellos, verán que sus progenitores no eran como los retrató el autor, que este estaba engañado, y se reconciliarán con el libro. Tengo fe en esto.

—Todo libro tiene un propósito, ¿qué se propuso con *La Oveja negra y demás fábulas*?

—Combatir el aburrimiento e irritar a los lectores, principio este último irrenunciable. Aunque por momentos he logrado lo primero, siempre fracaso en lo segundo, pues desde Horacio sabemos que en este género de obras todo lector ve siempre retratados a los demás y nunca a sí mismo. Ni modo.

—¿Puede hablarse de la posibilidad de la fábula en el mundo de hoy?

—En el mundo de hoy puede hablarse de la posibilidad de cualquier cosa. Por lo que hace a la literatura, creo que la posibilidad de las fábulas existe si uno no pretende moralizar con ellas.

—¿Está, pues, contra los moralistas?

—Contra las moralejas demasiado explícitas. Decir que una cigarra debe trabajar como un hormiga ha sido una tontería repetida durante siglos. La cigarra no cambiará. En todo caso, la que debería cambiar sería la hormiga. Pero tampoco se puede caer siempre en este juego de poner las cosas al revés, de las paradojas fáciles, o de repetir la bella broma de que el cuervo no soltó el queso porque había leído a La Fontaine. Por desdicha, el cuervo siempre soltará el queso.

—Pero, ¿y los moralistas?

—El más grande moralista y conversador inglés del siglo XVIII, el doctor Samuel Johnson, escasamente traducido al español, fue un formidable moralista y en vida recibió los mayores honores. Por su parte, el más grande moralista y conversador inglés del siglo XIX, Oscar Wilde, fue perseguido, humillado y vencido por la sociedad de su tiempo, y a pesar de los vicios de que se le acusó es muy editado hoy en español. Como dijo la Jirafa: todo es relativo. En nuestros días se afirma que el marqués de Sade es un moralista. Se puede admirar a los tres. Así, ¿tiene objeto hablar de moralistas o de moralejas?

—¿Es usted maniqueo?

—Naturalmente. Como todo el mundo me siento enormemente atraído por el Mal, pero siempre me dejo vencer por el Bien.

—¿Piensa escribir más fábulas?

—No lo creo. Tal vez estas debieran reducirse a unas quince. Las virtudes o los defectos humanos no son muchos, en contra de lo que pasa con los animales, que están llenos de vicios. Por desgracia, no encontré editor que quisiera publicar un libro con seis u ocho textos de dos o tres páginas cada uno, de manera que me vi en la necesidad de añadir mucha basura destinada a los espíritus selectos que saben apreciarla. En todo caso, tuve la suerte de poder excluir las que me parecieron demasiado repetitivas, mediante el ingenioso recurso de usar (con la ayuda de Vicente Rojo) unas cuantas ilustraciones antiguas, en las que el *hypocrite lecteur* puede ver también retratados a sus prójimos.

—¿Están abiertas las posibilidades para el cuento como para la novela?

—No sé. Soy mal lector de novelas. Excepto por razones profesionales, en los últimos años no he acabado de leer ninguna, aunque determinados capítulos o trozos de algunas me gusten enormemente. Tampoco leo muchos cuentos. Prefiero el ensayo, la biografía, libros científicos, algunos místicos. Diarios como los de Pepys o Bloy, o crónicas de viaje como el *New York* de Brendan Behan son la máxima felicidad.

—¿Cuál es la función de la ironía en su obra?

—No sé. No creo ser irónico. Es más, los ironistas constantes me parecen una plaga lamentable.

—¿Qué diferencia hay entre humorismo y sátira?

—No lo recuerdo; pero tal vez esté en los diccionarios. En cualquier caso, cuando uno de los dos es bueno, se complementa con el otro. Cada uno puede, o quizá debe, servirse del otro, para hacer las cosas mejor.

—¿Por qué en su libro el escritor aparece personificado por el mono?

—Lo ignoro. Sería algo inconsciente; pero podemos ensayar alguna respuesta más o menos válida. Por ejemplo, Darwin debió proponer que el hombre descendería algún día del mono, y no que ya había descendido; pero como buen hombre de ciencia se hacía ilusiones. Algunos escritores saben que Darwin sólo estaba equivocado en cuanto a la época del descenso, y esto los hace humildes y miran con nostalgia y envidia a los demás animales, cuyo destino como especie termina en ellos mismos. Si usted se fija en la fábula del Mono que quiso ser escritor satírico, verá que ese mono aspirante a escritor abandona su pretensión crítica, trata de comprender a todos y busca en el amor y la mística la posibilidad de humanizarse y, de esta manera, sacar adelante a Darwin.

—¿Qué hace ahora?

—¿El mono?

—No, usted.

—Estoy ocupado en la biografía de Eduardo Torres, que se ha retrasado demasiado. La investigación ha sido más lenta y difícil de lo que yo esperaba. Los viajes a San Blas son caros y fatigosos (debido a mi falso temor al avión tengo que ir en autobús, yip o mula). Pero esto no importaría. Lo malo es que el resultado depende del humor del maestro. Cuando está de malas se dedica simplemente a hablarme de cosas que no tienen nada que ver con su vida, y yo sé que entonces es imposible lograr un dato, una fecha precisa.

—En esta misma revista[1] se decía hace poco que había ya varios tomos de Eduardo Torres listos para la imprenta.

—Los periodistas siempre exageran. En realidad hay varios tomos casi listos; pero mucho material ha tenido que ser reacondicionado de acuerdo con cambios de última hora en el plan general de la obra.

—Pero volviendo al tema de los animales, ¿ama usted el campo, la vida al aire libre?

—De ninguna manera. Todas mis observaciones del mundo animal han sido hechas en el Zoológico de Chapultepec o en el Circo Atayde. Durante meses y años observé en el primero no las posibles y previsibles relaciones que existen entre las conductas de los diversos animales y el hombre, sino las más complicadas y ocultas existentes entre los propios animales, entre una mosca y un águila, por ejemplo. Si uno observa detenidamente se empieza a dar cuenta de que en el fondo de los ojos del león se esconde algo de la mirada del conejo; si uno persiste y fija la atención durante unas horas en la serpiente, a esta pueden comenzar a salirle plumas, como lo sabían mejor nuestros antepasados; pero para notar esto se necesita mucha paciencia, mucho tiempo, y la complicidad de algún guardia.

—Por último, ¿quién es K'nyo Mobutu, de quien su libro trae un epígrafe más bien críptico?

—Se declara en el libro en forma también más o menos críptica. Sin embargo, no tengo por qué ocultar su personalidad. Mobutu es un autor africano del siglo pasado que

1. *Siempre!,* México, D. F.

ejerció la antropofagia hasta los veintiocho años. Posteriormente se volvió vegetariano y vivió dos años más radicado en Londres, en donde escribió su hoy clásica *Nueva fisiología del gusto,* en la que siguiendo más o menos la onda de Brillat-Savarin expone, sin el tono dogmático de este último, sus experiencias y gustos culinarios. Puede pedirse a la Editorial Endymion, Saint Louis, Missouri, U.S.A. (Dll. 6.80).

1969

# Inutilidad de la sátira

JOSEFINA E IGNACIO SOLARES. ¿Cumple a su entender la literatura un fin social, político?

AUGUSTO MONTERROSO. Es un producto social y a veces pretende tener un fin político; pero debemos partir del hecho de que la literatura en sí misma no tiene ninguna utilidad, ni mucho menos sirve para transformar nada, suponiendo que algún escritor pretende sinceramente cambiar algo, ya sea la sociedad o al hombre. La transformación del último es demasiado problemática como para que la consideremos aquí; en cuanto a la primera, es tarea de los políticos o de los hombres de acción que puedan llevar algunas ideas a la práctica.

La literatura propiamente dicha (la poesía, la novela, el cuento, ese tipo de cosas) es tan inocua que incluso puede ser dañina; es el opio de la clase media y, como el cine, una fábrica de sueños, de representaciones armadas sobre el viento. No sé por qué tiene tanto prestigio, ni por qué a veces a los escritores se les pide y en muchos casos se les exige que hagan novelas como editoriales o poemas para derrumbar al tirano. Otra cosa es que el novelista, el poeta o el ensayista quieran hacerlo, para estar de acuerdo con el dicho (siguiendo este tono vulgar que he empleado hasta aquí) de que soñar no cuesta nada. La proliferación, por ejemplo, en los Estados Unidos, de los libros más duros, de los libros de protesta (ocho o diez *best sellers* al año) hace que, cuando los lee, la gente se imagine que actúa. Es más valiosa la acción del joven que rompe o quema su tarjeta de reclutamiento que leer estos ocho libros, incluso que escribirlos. Cuando estos libros y los millones de discos con canciones de protesta sean prohibidos y tengan que ser leídos u oídos en alguna especie de catacumbas, entonces va a suceder algo con ellos. La ilusión de que se hace camino al *oír cantar* que se hace camino al andar es nefasta. Bueno, cada clase tiene el opio que se merece.

—¿Pueden separarse la postura política del escritor y su creación literaria?

—No, no pueden. Sabemos ya que cualquier actitud es una actitud política. Claro, estas actitudes alcanzan una gama muy extensa. En cuanto a la literatura, es decir, a la actitud política del escritor y la relación de esta con su creación literaria, no siempre aparece en forma tan evidente. El juicio sobre la obra de cualquier escritor está siempre teñido por los prejuicios dominantes en su tiempo o en su circunstancia, o por la exigencia o la prisa con que determinadas personas bien o mal intencionadas quieren que las cosas cambien. Usted ve que Dostoyevski vuelve a ser editado en su patria, y Kafka considerado, por fin, un crítico del capitalismo. Sea cual haya sido su posición frente a los regímenes en que les tocó escribir, lo que no parece entenderse es que ninguno de los dos estaba en lo fundamental descontento con ningún sistema político, sino, como todo buen escritor, como Cervantes o como Swift, con el género humano, simple y sencillamente.

Por otra parte, igualar la vida con el pensamiento es muy peligroso. Cuando esto de veras sucede lleva, en el peor de los casos, como en el de Dante, al destierro; en el mejor, a la cárcel o la muerte. Boecio, el cerebro más fino de su tiempo, es muerto en prisión de un mazazo en la cabeza; José Martí, en una playa de Cuba; a Léon Bloy lo matan de hambre sus amigos (murió efectivamente de hambre).

¿Para qué seguir? Quizá no se deba ser tan sombrío: siempre hay la manera de recibir honores y abundancia de proteínas en vez de plomo, y de hacerse la ilusión de que la literatura o las ideas por sí solas sirven para algo más que para aplacar la conciencia, divertir o hacer llorar un poco a los burgueses y adormecer aún más a la clase media.

—Se ha hablado de una tendencia moralista en algunos de sus escritos, ¿está usted de acuerdo con ello?

—¿Se ha hablado de eso? Desde luego que no; si alguien quiere extraer de ellos alguna moraleja, está en su derecho y puede hacerlo. Corregir las malas costumbres de la gente es una tarea demasiado fácil que hay que dejar a las autoridades. El escritor debe ocuparse de lo verdaderamente arduo: el buen uso del gerundio, por ejemplo, o de la preposición *a,* que se acostumbra emplear mal. Yo me gano la vida corrigiendo esta mala costumbre.

—¿Ha faltado la sátira en nuestra literatura?

—Pienso que sí ha faltado.

—¿A qué se debe?

—En Hispanoamérica somos lo suficientemente ingenuos para creer que todo está bien, o lo bastante escépticos como para creer que algo tenga remedio. Yo en lo personal, creo que, excepto un poco de esmog, todo está muy bien. Sí, nos han hecho falta escritores satíricos; pero cuando los hay los hay muy buenos; Carlos Monsiváis es un extraordinario escritor satírico. Pero la escasez no importa. Por fortuna se trata del género más inútil de todos. Con una novela usted puede entretener los ocios de un policía e incluso imaginarse que usted es un ladrón; con un poema sobre una rosa se puede conmover a un talabosques y apartarlo de su vicio. Con la sátira sucede que todo el mundo se horroriza, ve lo malo, y está dispuesto a cambiar, es cierto, pero a su vecino. La sátira tercera de Juvenal fue escrita contra las molestias, la corrupción y los inconvenientes de vivir en la ciudad de Roma; dos mil años después Juvenal es leído en las escuelas de esa ciudad, pero Roma sigue siendo la misma o es ahora más inhabitable; en el siglo XVIII el doctor Samuel Johnson adaptó esta sátira a la ciudad de Londres, con el mismo resultado; y si quiere un caso de actualidad, el mayor escritor satírico de la lengua inglesa, el irlandés Swift, también en el siglo XVIII, señaló las atrocidades que las autoridades británicas cometían en su país e incluso llegó a proponer comerse fritos a los niños para aliviar la miseria de Irlanda; tenga la seguridad de que el actual primer ministro inglés, señor Heath, se sabe su Swift de memoria.

—¿Qué puede decirnos sobre la autocensura que en ocasiones tanto limita al escritor?

—Todo escritor se autocensura pero no necesariamente porque le tenga miedo a Virginia Woolf, sino a sí mismo. La autocensura es un mecanismo de defensa que practicamos todos, escritores o no. Cuando uno está en este oficio a veces se arma de valor, logra algo y se quita una que otra máscara ante los demás y se vuelve un poquito mejor escritor. El más listo es el que se disfraza de lo que en realidad es, como los conspiradores de Chesterton que se disfrazaban de conspiradores para que la policía creyera que eran policías. Y en efecto eran policías. Si esto no es muy claro es porque durante todo este tiempo no he hecho otra cosa que autocensurarme y ponerme máscaras para que ustedes crean que estoy autocensurándome y poniéndome máscaras. Pero si se fijan un poco verán la verdad. Es más fácil dejar que los demás lo vean a uno que verse uno mismo. Le voy a sugerir a alguien que piense en esto.

—¿Qué puede decirnos sobre el auge de cierta literatura en América Latina?

—Siempre ha habido un mínimo importante de buena literatura en América Latina y bastante basura, quizá en la misma proporción que en nuestros días. Lo que en realidad es nuevo es el auge de los lectores y de los compradores de libros. La literatura de Borges existe desde hace cuarenta años, pero a mucha gente le da la impresión de que Borges acabara d lanzarse a escribir; Julio Torri era un lujo mexicano que muy pocos gozaron y siguen sin gozar; el uruguayo Onetti publicó sus primeros libros desde hace treinta años, pero antes carecía de compradores y sigue careciendo de todos los lectores que merece: Onetti es grande, inmenso; Neruda comenzó a transformar el lenguaje poético en español desde 1925; para no hablar de los ya desaparecidos, como el peruano Vallejo o el argentino Lugones; no hay ahora más o mejores escritores en Hispanoamérica que los que ha habido siempre; hay más medios publicitarios, hay más y mejores lectores, y los libros, por fin, se volvieron mercancía, para bien o para mal. Otro buen síntoma es que los escritores comienzan a ser respetados; antes se les despreciaba tanto que por lo general se les hacía embajadores o algo por el estilo; ahora se les deja simplemente escribir o se les persigue. Ya es algo.

1972

# El humor es triste

JOSÉ MIGUEL OVIEDO. ¿Qué sensación te produce ser considerado o designado, generalmente, como un humorista?

AUGUSTO MONTERROSO. Agradable, no por lo de ser humorista, sino por el hecho de ser clasificado. Me encanta el orden. Y las taxonomías, aun las caóticas que cita o inventa Borges, a quien yo a mi vez he clasificado junto a Kafka como humorista, son un intento más o menos esperanzado de ordenar el caos.

—Lo preguntaba porque la mayoría se niega a que le pongan etiquetas.

—Allá la mayoría. Si clasificar es útil, verse clasificado es más útil aún, pues de cualquier manera constituye un estímulo para el autoconocimiento, o, por lo menos, para un principio de autoexamen, que nunca está de más. También he sido clasificado como pesimista. Para asombro de mis compañeros de bar, Ángel Rama sostiene que soy un moralista. Lo bueno es que ninguna de estas cosas se contradice, y a lo mejor soy todo eso, o a ratos una cosa y a ratos otra, según la estación, el mes, el día o la hora en que escriba (por lo que a mí hace), o en que sea leído (por lo que hace al lector).

—Pero cuando se usa esa palabra, «humorismo», se piensa, en el peor de los casos, en arquetipos como Jardiel Poncela, o en alguien que tiene una actitud trivial ante la vida, que simplemente hace bromas. ¿Por qué el humor tiene que defenderse de un prejuicio?

—Quizá todo tenga que defenderse de los prejuicios. ¿Por qué el humor habría de ser una excepción? Cuando se habla de religión, la gente no piensa en Cristo o en Buda sino en los curas o en las beatas; cuando se menciona a los militares, la gente no recuerda a Alejandro o a Bolívar sino a Anastasio Somoza. De esta manera, tal como tú lo dices, cuando oyen la palabra humorismo muchos le quitan el seguro a su revólver, pero tendrían que volver a ponérselo si recordaran a Aristófanes, a Cervantes o, sin ir tan lejos, a Bernard Shaw, para no hacer una lista muy larga. Es probable que la imagen del humorista esté más dada por los chistosos profesionales, por los que viven del humor y por los que lo reverencian y lo esgrimen como los curas reverencian el altar y los Somozas empuñan las pistolas. Por fortuna, actualmente no existe nada que no esté desprestigiado, si es que hay que poner una nota de optimismo en esta respuesta.

—Pero, de cualquier manera, si para la mayoría de tus críticos y lectores eres un humorista, algo habrá de cierto, ¿no crees?

—Sí; pero ahora que lo propones y pienso en el asunto, encuentro que la mayor parte de lo poco que he publicado es más bien triste o, por lo menos, que carece de intención humorística. Íntimamente, yo no me considero un humorista y hasta en ocasiones me molesta que lo pueda ser sin darme cuenta. Como máximo, mi ilusión secreta es ser considerado algún día un autor realista, con humor o sin él. Pero quizá esto no vaya a ser posible nunca, precisamente por la fuerza de las clasificaciones, que hace tomar a mis escasos lectores el camino equivocado. Si lo quieres saber, nada me desilusiona más que la consabida frase con que alguien me informa entusiasmado de lo mucho que se rio con mi cuento tal o cual, y el cuento es tal vez aquel que a mí me emocionó hasta las lágrimas escribir, o aquel en que logré introducir alguna experiencia amarga de mi vida. Lo malo es que ese tipo de elogio me obliga a estarme releyendo, porque después de oírlo indefectiblemente corro a mi casa a buscar qué es lo que ese cuento tiene de chistoso, y pienso si no será que está torpemente escrito, a pesar de mi preocupación por colocar siempre bien las comas.

—¿Se trata entonces de un enorme malentendido con tu obra?

—Salvando las distancias, es el caso de Kafka al revés. La gente no se da cuenta del gran humorista que es Kafka porque sus exégetas se han ocupado más de sus diarios, de sus cartas, de su tuberculosis y de su mala relación con su padre, que de examinar y gozar sus obras sin toda esa contaminación.

—Y en tu caso, ¿qué efecto ha tenido esa contaminación?

—Bueno, uno tiene que aceptar la reacción que produce y conformarse con ella para no hacer el ridículo. Ya es bastante producir una reacción, cualquiera que esta sea, como para andarse quejando. Con frecuencia se es culpable de lo que a uno le pasa. Yo tuve la infortunada idea de dar un título aparentemente chistoso a mi primer libro: *Obras completas (y otros cuentos),* porque uno de los cuentos se llama

«Obras completas». Ahora, la gente no compra ese libro porque para obras completas le parece muy poco o presuntuoso o anticuado. Y luego se me ocurrió la idea, más infortunada aún, de incluir en ese pequeño volumen un cuento, que ni siquiera es cuento sino novela, de una línea, titulado además «El dinosaurio», cuando escasamente existe un animal más risible.

—Pero en fin, ¿qué es el humorismo para ti?

—Lo que dice el *Diccionario de la Academia,* en uno de sus miles de aciertos: Humorismo es «el estilo literario en que se hermanan la gracia con la ironía y lo alegre con lo triste». Creo que difícilmente se puede dar una definición mejor; pero a uno le gusta complicarse la vida y luego quiere averiguar qué es lo alegre, de donde no hay más que un paso para meterse en el problema de lo que es la risa y enredarse con Freud y Bergson y terminar investigando si el hombre es humano porque se ríe y ese tipo de cosas. En todo caso, el humor no es un género sino un ingrediente. Cuando el ingrediente se vuelve el fin, todo el guiso se echa a perder; pero siempre habrá quienes gusten de él, así y todo. Bueno, para las vacas la sal no es un ingrediente sino el alimento propiamente dicho, y tal vez por eso las vacas son más amables y felices, aunque no se rían.

—¿Qué tipo de escritor o de actitud literaria es la que menos soportas, o qué clase de literatura es la que menos te interesa?

—Los novelistas o los poetas —buenos o malos, eso no lo sé porque nunca los leo— que adquieren notoriedad atacando o defendiendo al Estado en que viven, cualquiera que sea ese Estado, socialista o capitalista. Me refiero concretamente a escritores del tipo de Solyenitzin o Evtuchenko en la URSS, o de Norman Mailer en los Estados Unidos. Existen también otros, pero estos son tan sólo chocantes, a saber; *1)* los humanitaristas, *2)* los que suponen que no dicen cosas importantes porque la censura no los deja, *3)* los que aman a su país y lo declaran, *4)* los que afirman que no podrían vivir sin escribir, *5)* los que efectivamente no podrían vivir sin escribir, *6)* los que tienen razón, *7)* los que creen que la literatura puede cambiar algo, y se les nota en lo que escriben, *8)* los que habiendo alcanzado éxito con un libro se sienten obligados a escribir otro (y lo hacen), *9)* los que sostienen que el ser humano puede mejorar, *10)* los que hacen listas como esta.

—Escribir, ¿no es siempre una tragedia?

—No sé si siempre, o sólo algunas veces o únicamente nunca. Depende de tantas cosas. Y la pregunta podría hacerse respecto de cualquier actividad de tipo creativo, no «necesaria» y, por ende, la mayoría de las veces de origen neurótico. Si uno escribe para ganar dinero y porque escribir le gusta y un buen día decide retirarse para ganar más dinero con otra cosa o por aburrimiento, como en el caso de Shakespeare, escribir no es nada trágico, aunque uno escriba tragedias; si uno se gana la vida desempeñando empleos o cargos que no le gustan y que incluso no le dan ni para sostener medianamente a su familia, y aparte de eso escribe con la vaga idea de ganarse unos pesos pero en lo fundamental para divertirse, divertir a sus amigos y de paso lograr un poco de fama para molestar a los enemigos, y uno finalmente consigue algo de esto, escribir no sólo no es una tragedia sino una alegría y un gran consuelo en la desgracia, como le ocurrió a Cervantes. Tengo la impresión de que en ambos casos los fines fueron secundarios ante la magnitud de lo logrado, pero que ninguno de esos autores consideró trágico su oficio.

—¿Entonces, para ti, la literatura es algo «reconfortante»?

—Ahora se habla mucho, entre los escritores, de fantasmas internos, de obsesiones, de imperativos que el autor no puede sacudirse, pero es claro que se trata de puras reminiscencias de los conceptos románticos según los cuales el artista debía sufrir ya no sólo por lo difícil que es en sí el mero hecho de vivir, sino por su arte, por su vocación (en cuyo nombre se publican tantos crímenes), hasta el extremo de sacrificar su vida a ese arte. Todo esto me parece una tontería, pues bastante arte hay ya almacenado como para diez generaciones, a las cuales les haríamos un gran bien si paráramos un poco para darles oportunidad de conocerlo, aparte de que nadie le va a agradecer al artista aquel sacrificio. Debería desterrarse a todo artista que tome su arte como una tragedia. Tal vez uno tenga derecho a quejarse de la vida, pero no de su oficio. Y menos del de escribir. Escribir es una manía, una afición como cualquier otra, o una manera de llamar la atención y de satisfacer la vanidad como hay tantas. Si la cosa funciona y más o menos te gusta y le gusta a la gente, bien; si no, ¿a quién le importa? Creo que uno debe hacer este trabajo con cierto temor y con todo el perfeccionismo que su naturaleza le exija, pero con humildad y al margen de lo que hace para ganarse la vida.

—Está de moda destacar la «profesionalidad» de la literatura.

—La literatura como profesión es un concepto demasiado moderno como para no ser sospechoso, un concepto que se opone brutalmente al del arte o la especulación como producto del ocio. Vivir *de* escribir o *para* escribir contradice el buen sentido del humanismo, que no considera estas cosas como torturas sino como bienes. Para Platón filoso-

far era un «caro deleite», y Sócrates no era tan torpe como
para tomarse siquiera el trabajo de escribir.

—¿Te gustaría ser un escritor más popular? ¿O prefieres
que tu obra sea conocida, como hasta ahora, por una especie de gran secta en América Latina y, gracias a traducciones, en Estados Unidos y Europa?

—Naturalmente que me gustaría mucho ser popular. Pero
me sorprende que digas «más», pues ni siquiera sé si soy
«conocido». Aunque tal vez me agradaría, no creo haber escrito nunca nada para una secta (a menos que se llame así a
un grupo de amigos) ni para iniciados en literatura. Si a veces en lo que hago hay sobrentendidos o referencias literarias ocultas es porque siempre parto de la idea de que todo
el mundo ha leído lo mismo que yo, y me sorprendería mucho que no fuera así porque en realidad mi cultura literaria
es más bien deficiente.

Tu pregunta podría sugerir también la falsa idea de que
lo que escribo es difícil, oscuro y exquisito, y esto me aflige,
porque la verdad es que se trata de todo lo contrario. An-
derson Imbert dice en su *Historia de la literatura hispanoamericana* que mi estilo es sencillo, y así es. Jamás he escrito
una frase «bella», ni me propongo hacerlo. Volviendo a tu
pregunta, ¿por qué no soy tan conocido? Por malo no es,
pues ya ustedes me convencieron de que no lo soy. Será
por falta de promoción, pues, como se dice ahora.

—Te pido una explicación: ¿por qué predicas y practicas
la brevedad?

—En efecto, he escrito algunos textos breves y algunos bre-
vísimos, pero eso no quiere decir *1)* que siempre sea breve,
*2)* que me guste serlo, ni *3)* mucho menos que predique la
brevedad. Hay una cosa: a mí me asustan las novelas muy lar-

gas porque mi curiosidad está constantemente solicitada por demasiados intereses, y, entre estos, por un poco de cada uno. Así, aparte del *Quijote,* son raras las novelas que he terminado, no porque no me gusten sino porque me distraigo y las dejo aquí o allá; y como hay muchas que comienzo, a los tres días no sé qué personaje pertenece a cuál, o por qué fulano quería suicidarse, y tendría de comenzarlas de nuevo. Con el *Quijote* es distinto porque tengo un ejemplar en mi dormitorio, otro en el comedor, otro en la sala, otro en la oficina, y cuando uno va en el metro puede ir repitiendo mentalmente los trozos que se sabe de memoria. Pues bien, ante el temor de que a mis amigos les suceda lo mismo con lo que yo publico, procuro ser siempre lo más breve posible. Muchas veces casi sólo les doy el tema, ellos ponen lo demás y estoy seguro de que me lo agradecen. Entre mis alumnos de ninguna manera recomiendo que escriban cosas breves, las cuales, desgraciadamente, en ocasiones resultan sólo meros ejercicios, melosos textos de los llamados poemas en prosa, o simples *boutades* sin justificación si antes no se ha intentado, en el terreno del cuento, algo más serio, algo que respete las reglas del género, hoy sin fronteras precisas para bien de unos pocos, pero para mal de muchos.

—¿Te sientes incapaz de escribir libros extensos?

—No, no tanto. El libro que estoy escribiendo es extenso, pero por su misma configuración no será una sorpresa para nadie.

—Si no tienes supersticiones al respecto, me gustaría que hablases un poco de él.

—Tengo supersticiones al respecto.

1975

# El escritor contra la sociedad

René Avilés Fabila. En la inmensa mayoría de los casos el escritor se forma fuera de las aulas o a pesar de ellas. Es autodidacta. Moravia se jactaba de su solo certificado de instrucción primaria; a nivel doméstico hay paralelismos, pensamos en Arreola. ¿Cuál es la formación del literato, según experiencia personal?

Augusto Monterroso. Quizá debido a eso la inmensa mayoría de los escritores son malos. Admiro a Moravia; pero no que se jacte de ser autodidacto. Eso es una tontería. Muchos talentos naturales se pierden por falta de refinación. Pienso en los miles de obreros y campesinos que no tienen acceso ni siquiera a libros corrientes. ¿Cómo podrían ser autodidactos? En cuanto a mi experiencia personal, soy autodidacto.

—Existen universidades que enseñan literatura. Eso no significa que preparen escritores. Pero posiblemente el rigor académico podría serle útil al autor que se inicia; suele suceder que el escritor no tenga sus lecturas sistematizadas, o, lo que es peor, tiene inmensas lagunas. ¿Cómo aprende sintaxis, cómo descubre libros, cómo obtiene un estilo propio?

—Efectivamente, la enseñanza de la literatura en las universidades no significa, espero, que con ella se pretenda hacer escritores. Al escritor lo hacen sus conflictos internos y externos, sus miedos, sus ilusiones, el placer, el sufrimiento, las largas enfermedades, el amor, los rechazos, la pobreza, el fracaso, el dinero, la ausencia, sus posiciones ante el Bien y el Mal, la Justicia y la Injusticia; la vida, en fin. Y determinada sensibilidad para responder a todo eso. Cada una de estas cosas exige su propia sintaxis y tal vez hasta su propia prosodia; el buen escritor sabe siempre dónde encontrarlas.

—Es obvio que hay actividades y elementos contrarios a la creación literaria. Hay otros que se acercan. El periodismo y la cátedra podrían entrar en esta última categoría. Algunos opinan que el escritor debe dedicarse exclusivamente a la literatura (esto sería ideal). Hemingway no iba muy lejos, recomendaba el periodismo y el magisterio, ambos en forma momentánea: el primero había que abandonarlo a tiempo, el segundo restaba facilidades al conocimiento de la vida exterior. A Leñero lo oí decir que todos los trabajos enriquecen al escritor. ¿Qué es lo exacto?

—No; no me parece tan obvio. No creo que exista ninguna actividad opuesta a la creación literaria. A veces entre más ajeno a la literatura sea lo que uno hace para ganarse la vida, mejor para lo que uno escribe. Durante toda mi vida he oído a los malos escritores latinoamericanos quejarse de la falta de facilidades, estímulos, oportunidades, ambiente, etcétera. ¿Qué pretenden? Escribir es muy fácil. Lo único que se necesita para hacerlo bien —decía Eduardo Torres— es inteligencia, sensibilidad y unas cuantas experiencias y encuentros con las personas y los libros adecuados. El periodismo es bueno para los que desean ser periodistas (lástima que tan poca gente lo desee). La cátedra como principal medio de vida puede ser dañina porque el escritor se desgasta dirigiéndose a quienes muchas veces no lo quieren oír, y desperdiciando sus ideas, aunque en realidad las ideas no son muy útiles para la creación literaria.

—Las ataduras económicas que siempre existen, salvo que uno sea millonario, impiden el cabal desarrollo del escritor. ¿Qué hacer para reducir el problema a expresiones mínimas? ¿Dedicarse a otras actividades, comercializarse? ¿Cómo?

—No; no creo que las ataduras económicas impidan el desarrollo del escritor. El caso contrario es el cierto: por lo general los millonarios no escriben, y aun temo que en nuestro medio ni siquiera lean. Las condiciones económicas de cualquier tipo no tienen nada que ver con la buena literatura. La mayoría de los buenos escritores presumen de sus días pasados en la pobreza, y hasta los exageran. No hay que hacer nada para reducir el problema económico de los escritores a expresiones mínimas. Lo único que se puede hacer es dejarlos tranquilos, que vivan bien o que padezcan hambre. El resultado final de cualquiera de esas dos situaciones es imprevisible. Nadie sabe de dónde puede salir la buena literatura. Aunque usted regale fincas a diez mil poetas, es muy improbable que de ellos salga un Horacio. Lo mejor de Léon Bloy fue dictado por el hambre. Por otra parte, las experiencias de Montaigne como hombre rico dieron los *Ensayos* de Montaigne. La literatura tiene razones que las razones económicas desconocen.

63

—El hacer literatura es un oficio, una profesión, un trabajo como cualquier otro. Si un carpintero hace mesas cobra por ellas, si un político administra percibe un sueldo, y, en rigor, cada uno vive de su profesión o actividad. Ahora bien ¿de qué vive el escritor mexicano?

—Para alguno tal vez la literatura sea una profesión, un trabajo como cualquier otro. Yo no comparto esa idea. El trabajo del artista es diferente de cualquier otro en razón de que no produce cosas necesarias, o por lo menos de necesidad inmediata. Si las obras del escritor se venden y este recibe mucho dinero por ellas, está bien. Pero quizá el escritor no debería escribir para ganar dinero. Usted me pondrá el ejemplo de Balzac o el de Dostoyevski. Pero son ejemplos con los cuales hay que terminar. Ellos escribían para pagar sus deudas, que de ninguna manera es lo mismo que para «tener» dinero. Escribían por el hecho de ser artistas, no profesionales. En cuanto a los escritores mexicanos, por lo que sé de ellos ninguno vive del producto de sus libros.

—Sabemos que el escritor mexicano obtiene ingresos de actividades que no son precisamente las ligadas a la literatura, claro está, salvo algunas excepciones. ¿Debe vivir de su trabajo?, y al formular la pregunta pienso en un tipo de vida decorosa, de ninguna manera ligada a la pobreza.

—Si por «su trabajo» se entiende aquí un trabajo ajeno a la literatura, la respuesta es que sí, que debe vivir de su trabajo: Entiendo que se debe escribir por juego, por diversión; que el escritor debe ser siempre un aficionado. Claro que existen también los que escriben por una irreductible necesidad neurótica, pero eso no tiene que ver con problemas económicos.

—¿Puede o podría un escritor vivir con la sola venta de sus libros, de sus artículos...?

—Depende de lo que esos libros o artículos le produzcan y de sus hábitos de gasto. En este sentido, aunque se trate de un filósofo, puede recordarse el caso de Ludwig Wittgenstein, que en un momento dado regaló su fortuna (que era considerable) y vivió solo, en un cuarto con un cama, una mesa y una silla. Parece que sus libros revolucionaron la visión del mundo y que han producido bastante dinero; pero a él no le gustaba el dinero.

—Las becas y los premios literarios, ¿ayudan a resolver los problemas económicos del escritor?

—Por definición.

—¿La salida de buscar trabajo en el Estado (donde se corre el riesgo de burocratizarse o de algo peor), solución muy utilizada por los escritores de los cuarenta, es válida para subsistir? ¿El funcionario-escritor no halla dentro del gobierno trabas para la creación literaria?

—Entre nosotros, tradicionalmente el Estado proporciona trabajo a los escritores. Algunos de estos escritores se convierten en funcionarios, otros no; a unos les gusta ser funcionarios, a otros no. ¿Cuál es la diferencia? Se puede ser embajador o estar en la cárcel y escribir bien o mal. No hay relación entre una cosa y otra.

—¿Cuál sería el ideal de un escritor en este sentido, dedicarse a la TV, a pedir limosna, a hacer discursos, a corregir el estilo de los políticos, posiblemente entregarse a planear asaltos a mano armada para mantener cubiertas sus necesidades económicas, o de plano intentar la subsistencia con la obra literaria propia? Es obvio que esto último reforzaría la calidad de la prosa, pero se corre el peligro de no obtener dinero.

—Creo que esto queda contestado en el punto anterior. El único problema del escritor es escribir bien, con dinero o sin él, con puestos públicos o sin ellos, casado o soltero, virgen o mártir, guerrillero o policía, incendiario o bombero. Insisto en que no creo que deba intentar vivir de lo que escribe. Escribir novelas, cuentos o poesía no es una ocupación seria. Por lo contrario, es una locura o chifladura que habría que disfrutar como tal para que los demás puedan recibir parte de ese goce.

—Han hablado de lo sencillo que le resulta al escritor mexicano publicar un libro (hay autores que no llegan a los cuarenta años y ya cuentan con una buena bibliografía). Vemos que día a día existen más editoriales, que semanalmente ven la luz decenas de libros. Sin embargo, por ahí andan muchos autores con el original bajo el brazo, buscando infructuosamente editor. En efecto, muchas veces el rechazo se debe a razones de calidad, pero en otras el mercado y la demanda (artificiales con frecuencia) o la falta de buenos críticos que dictaminen en las editoriales dicen la última palabra. Su opinión al respecto.

—Un mal libro por lo general halla editor. Un buen libro también. En mi caso personal debo decir que siempre encontré facilidades, jamás un rechazo, ni en periódicos ni en revistas ni en editoriales. Tal vez un poco de mayor resistencia me habría hecho mejor escritor. Me apenan los autores que andan con sus libros bajo el brazo buscando editor; pero debe quedarles el consuelo de que en la historia de la literatura los casos de grandes escritores a los que no les fue fácil publicar sus obras han sido muchos. Por otra parte, ninguna obra maestra desconocida constituye una pérdida para la humanidad, que siempre puede pasarse sin ellas. En este último sentido tampoco deben preocuparse.

—La simpatía o antipatía de los editores y sus asesores hacia los autores, ¿qué hay de ellas, influyen en la tarea editorial?

—Naturalmente.

—¿Es lícita la intervención del editor, como en épocas pasadas, para «explicar» al autor qué y cómo debe escribir, alegando que él sabe lo que se vende, lo que es bueno o malo?

—En tanto no se opone a la ley es lícita como es lícito que el autor lo acepte. Todo depende del respeto por sí mismos de ambos, de su sentido de los negocios o de su sentido del arte.

—¿Por qué en México los tirajes son tan raquíticos? Aquí un *best seller* es apenas de seis o siete mil ejemplares, cifras que a nadie conmoverían en Europa o en los Estados Unidos. ¿Quién consume los libros en México?

—Ya no son tan raquíticos. He visto ediciones de Juan Rulfo de cien mil ejemplares que suceden a otras de cien mil ejemplares. Nadie sabe por qué un libro bueno se vende y otro no; ni por qué un libro malo no se vende y otro sí. Eso pasa en todas partes, no sólo en México. Consumen libros literarios los que pueden pagárselos sin sacrificios y reciben de ellos un placer (el libro como lujo, no como necesidad); y otros que apenas pueden pagárselos (una gran mayoría) y reciben de ellos entretenimiento durante las horas muertas en el trabajo, como las secretarias (el libro como necesidad, no como lujo). Para que hubiera un auge de la narrativa latinoamericana se necesitó un auge previo de secretarias.

—¿Es sencillo publicar en el extranjero, ser traducido a otros idiomas? ¿Se venden los libros de autores nacionales en otros países o solamente son atención de curiosidad exótica?

—Tengo que confesar que para mí ha sido sencillo y que he visto traducciones mías a varios idiomas sin necesidad de agentes literarios de hacer una sola gestión personal. Simplemente me lo han pedido. No sé lo que sucede en otros casos. En cuanto a las ventas, ya se sabe que hay cuatro o cinco autores latinoamericanos que sí se venden en el extranjero; algunos debemos de ser meros objetos de curiosidad exótica.

—¿Es verdad que no resulta sencillo publicar en revistas literarias y en suplementos culturales? ¿Es cierto que están en manos de grupos cerrados?

—Mi experiencia personal es contraria a esa idea. Pero suponiendo que como de costumbre haya sido suerte mía, sinceramente creo que no hay tales grupos cerrados, y que si existen, sólo exigen un mínimo de calidad para abrirse. Por otra parte, pienso que si de veras los grupos fueran más cerrados y exigentes, la calidad de nuestra literatura y de nuestra crítica subiría enormemente.

—Mucho se ha comentado la ausencia de la crítica literaria, que oriente tanto al escritor como al lector, que no los dañe desorientándolos, inyectándoles sus aficiones de manera subjetiva, o lo que es peor sus odios y sus amores; un crítica objetiva que contribuya al desenvolvimiento de la literatura mexicana. Sabemos bien que crítica y literatura no han seguido sendas paralelas: que la primera va a la zaga de la segunda y que los mismos escritores tienen que usurpar las funciones críticas para llenar un hueco grave. ¿Cómo podría resolverse este problema, tal vez con personas salidas de las universidades, con sólida preparación de orden literario?

—Supongo que para ser crítico se requiere la misma afición que para ser novelista o poeta, y que el hecho de serlo exige un gran esfuerzo. Por otro lado, imagino que la crítica está llamada a influir en el público, a orientar al público, no a los autores. Ningún autor serio cree en la crítica a menos que esta sea elogiosa para él o contraria a sus colegas.

—Una obra de arte no requiere necesariamente un poderoso contenido social para ser válida; plantear lo contrario sería erróneo y demagógico. Independientemente de ello, mirar el panorama literario mexicano es hallarse con escritores despolitizados que incluso consideran absurda su participación en la vida extraliteraria. ¿No cree que el escritor, persona que disfruta de los beneficios de la cultura, tiene obligaciones concretas para su sociedad?

—Como pienso que el escritor debe ser, o por lo menos sentirse siempre un aficionado y no profesional de la literatura, no considero que como tal tenga ninguna obligación para con la sociedad. El escritor, así, practica su trabajo lo mejor que puede y la sociedad lo acepta o lo rechaza. (Cuando era adolescente me gustaba la idea de Gorki de que el escritor debe estar siempre contra la sociedad. Ahora también me gusta). Tampoco creo que la sociedad tenga obligaciones para el escritor como tal. Si el escritor siente el deseo de pelear, que realice ese deseo; pero debe ser consciente de que si lo hace, y según el grado en que lo haga, la sociedad tendrá también el derecho y el deseo (si el escritor llama bastante la atención) de asimilarlo y hacerlo suyo, o de aplastarlo a como dé lugar.

—No son dignas de atención las actitudes como las de Sartre y Semprún, pendientes siempre de los acontecimientos de Francia y el mundo, que las más de las veces no son acontecimientos literarios? Hay gente que se queja de la pobreza teórica del intelectual y especialmente del escritor, ¿tiene razón?

—Sí, esas actitudes son dignas de atención, y por eso la logran. Tal vez la gente que más se queja de la pobreza teórica del intelectual y del escritor sea por lo general la más pobre, teórica e intelectualmente.

—En años no muy lejanos, el intelectual se adentraba en la política. En el 68 ocurrió algo parecido aunque sin gran fuerza: los intelectuales estuvieron a la zaga de los acontecimientos. Las generaciones recientes de escritores (hay excepciones) miran con desdén el compromiso, la política. ¿Por qué? ¿No entorpece esta actitud el desarrollo armónico de la cultura nacional? ¿No es posible evitar el proceso de despolitización que sufren nuestros escritores, que en el mejor de los casos se convierten en servidores dóciles del Estado, y no asumen las actitudes críticas tan necesarias en un país como el nuestro? ¿O por el contrario, el escritor debe mantener su literatura y su vida al margen del compromiso?

—Su pregunta constituye una petición de principio.

—«Así como las especies animales sólo crecen en ambientes que les son propicios para su crecimiento, los grupos humanos sólo se desarrollan si encuentran escenarios institucionales favorables». Lewis A. Coser, a quien cité, incluso señala los escenarios para que el intelectual se desarrolle. Con datos y cifras prueba su teoría. ¿En México actualmente existen grupos o escenarios favorables al desarrollo del escritor? ¿Ayudan al buen desenvolvimiento de las letras? ¿O el escritor, como decía Faulkner, sólo requiere papel y lápiz para ser tal?

—Creo que en México o en cualquier país en que haya libros, un número razonable de lectores y algunas posibilidades editoriales, existen buenas condiciones. Cuando las condiciones son demasiado negativas lo que el escritor suele hacer es irse a otra parte. No sé quién sea Lewis A. Coser, pero por lo que usted cita me parece que él habla de intelectuales, esto es, hombres de ciencia, pensadores, sociólogos, periodistas, obispos, antropólogos, etcétera, y en ese sentido parece tener razón; pero cuando hablo de escritores pienso más bien en artistas. Y estos, como dijo bien Faulkner, sólo necesitan papel y lápiz.

—Las agrupaciones literarias existentes en México (la Asociación Mexicana de Escritores, el Pen Club, la Comunidad Latinoamericana de Escritores), ¿qué hacen por el escritor, son útiles o se quedan en cuestiones de política literaria?

—Hacen su tarea lo mejor que pueden.

—La amistad o la enemistad, ¿son factores de política literaria? Más claro, ¿la acción de equis persona o grupo, puede formar escritores o destruirlos, según el caso?

—En México ya no. Actualmente se dan las condiciones para que ningún individuo o grupo pueda aplastar a nadie literariamente; pero para muchos siempre es cómodo pensar que sí.

—Normalmente se cree que un escritor debe dejar que el público descubra sus libros gracias a la casualidad. Él debe concretarse a escribir y ya. ¿Es cierto esto? ¿El escritor debe publicitarse, hacerle propaganda a sus obras, ser objeto de atención pública, como un deportista o una «estrella» cinematográfica?

—Se trata de necesidades psicológicas o emocionales de cada quien, de su prisa, de su afán de éxito. Sinceramente, creo que sobre esto no puede establecerse regla alguna, ni siquiera opinar nada serio.

—¿Cómo debe hacerse la publicidad de un libro? ¿La hace el editor o el autor, o ambos?

—No lo sé. Supongo que es algo que debería correr a cargo del editor, quien lanza el libro en su condición de mercancía. Pero existen autores que a la vez son buenos publicistas. ¿Quién se lo podría impedir, y por qué?

1975

# Ni juzgar ni enseñar

MARCO ANTONIO CAMPOS. ¿Cuál es su método de trabajo?

AUGUSTO MONTERROSO. Ninguno.

—Supongo que eso es difícil; todo el mundo tiene un método de trabajo, costumbres; unos escriben todos los días, otros por temporadas, en fin...

—Yo no lo hago por temporadas ni todos los días; a una hora u otra; prácticamente yo no escribo. En realidad me gusta más pensar o, si esto resulta pretencioso, más bien divagar, que es un acto perezoso; después de todo escribir es un acto físico. Si método de trabajo se le puede llamar a esto, le diré cuál es: si tengo alguna idea, la anoto en cualquier pedazo de papel. Esa idea puede presentarse en la calle, en el metro, durante mis clases en la Universidad. Más tarde, el destino de ese papel determina el destino de la idea. Si pierdo el papel, la idea se pierde; si no, el papel pasa a formar parte de muchos otros que algún día serán revisados o utilizados. Muchos meses después decido si lo que yo consideraba una idea lo era en realidad, y si valdría la pena desarrollarla. Como en cualquier otro campo, en este la mayoría de las veces la idea no vale la pena.

—¿Quisiera hablar un poco de la función que le ha dado a la fábula?

—Según yo, ninguna, ni didáctica, ni moral, ni ejemplar. Simplemente me he divertido haciéndolas. Si los lectores quieren hallar algo más allá de esto, la cosa me gusta, pero es su aportación, su afán de encontrar algo en donde ese algo tal vez no exista.

—¿En qué se diferencia su modo de tratar la fábula del de los fabulistas clásicos?

—En parte precisamente en eso, en hacer a un lado cualquier afán de moralizar. Moralizar es inútil. Nadie ha cambiado su modo de ser por haber leído los consejos de Esopo, La Fontaine o Iriarte. Que estos fabulistas perduren se debe a sus valores literarios, no a lo que aconsejaban que la gente hiciera. A la gente le encanta dar consejos, e incluso recibirlos, pero le gusta más no hacerles caso.

—Pero en las suyas hay también diferencia de forma.

—Claro. A estas alturas hacer fábulas en versos rimados de cinco u ocho sílabas resulta ridículo. Estas formas fueron ya demasiado exprimidas. Por otra parte, en nuestros días es inútil dirigirse en versos medidos a un público que por lo general no sabe contar sílabas, incluyendo a muchos poetas.

—¿Por qué eligió entonces ese género aparentemente muerto?

—Porque vi sus posibilidades precisamente si prescindía de las viejas formas. Además, como lo he dicho otras veces, la fábula no presenta problemas: sólo hay que encontrar los temas y escribirlos.

—Bueno, eso es una broma.

—Sí, pero broma o no, pensando así fui conformando un libro. Por supuesto, al renunciar a los modelos clásicos uno se encuentra con otros problemas, con problemas que uno mismo tiene que resolver por primera vez.

—¿Qué clase de problemas?

—Entre otros, el de no tener moldes en qué apoyarse. En los siglos XVIII y XIX los fabulistas proliferaban en nuestros países. Naturalmente, sólo tenían que pensar que la hormiga era buena porque trabajaba mucho y la cigarra mala porque haraganeaba y se dedicaba a hacer versos. Supongo que habrá habido muchas cigarras malas, pero no porque hicieran versos sino porque hacían versos malos; pero los burgueses ya se convencieron de que las hormigas obreras son más peligrosas para ellos que las cigarras poetas, y por eso ahora se ocupan más de controlar a las primeras y de halagar a las segundas.

—¿Por qué un porcentaje de su libro de fábulas no son fábulas propiamente dichas?

—Quizá por el deseo de escapar de los moldes, de no sujetarme mucho a ellos.

—Pero, según tengo entendido, en toda fábula debe haber animales, aun cuando no haya mensaje.

—No, no; en las fábulas clásicas los protagonistas pueden ser animales, hombres, seres inanimados, abstractos y concretos. Todo puede personificarse.

—Algunos de sus textos (hablo de *Movimiento perpetuo*) no encajan siempre dentro de un determinado género literario, de modo que pueden ser tomados como relatos o anécdotas o meros pensamientos. ¿Qué intentó con eso?

—Nada. Me gustó la idea de reunir en un libro textos misceláneos que tuvieran cierto valor literario para entretener un poco a mis amigos. A algunos les gustaría esto y a otros lo otro. La idea de que la gente pueda saltarse sin culpa tres o cuatro páginas de un libro me parece que debería estar en la mente de todo escritor. Cuáles puedan ser esas páginas ya no está en el dominio de uno. Tal vez las que uno cree mejores son las saltadas.

—¿Siguió algún modelo para la estructura de *Movimiento perpetuo*?

—No; ninguno.

—¿Qué, si no es un género determinado, rige y ordena el libro?

—Los libros son simples depósitos. Son como cajas. Uno puede poner en un libro una novela o varios cuentos, varios poemas y varios ensayos. Uno tiene algo y lo coloca allí. Para este libro yo tenía varias cosas, las puse en él y ya, procurando únicamente no meter demasiada basura. Donde hay una página en blanco es que renuncié a algo demasiado malo. La gente suele agradecerme mucho mis páginas en blanco. Por otra parte, pretender que un libro deba seguir una línea recta es una idea que no encaja ya mucho con nuestro tiempo.

—¿Ha hecho crítica?

—Muy poca. Hubo un tiempo en que intenté algo pero descubrí que no era uno de mis caminos. Si un autor era malo me identificaba con él, me daba lástima, y prefería no escribir sobre su libro; o si era bueno, me daba envidia; así, cuando estuve a punto de escribir bien de un libro malo y mal de uno bueno, me hinqué mentalmente y desistí de hacerlo.

—Pero en su obra hay ensayos.

—Sí, pero eso es otro asunto.

—¿En qué sentido?

—Bien; el ensayo no pretende juzgar, ni enseñar, ni establecer, ni fijar maldita la cosa.

—¿Cómo maneja el ensayo? ¿Por qué se mete en él en primera persona?

—Porque precisamente usar la primera persona es casi esencial para el ensayo. En el ensayo uno da sus opiniones, emite sus juicios, manifiesta preferencias o rechazos sin que para nada pretenda estar diciendo algo que deba ser creído, acatado, o incluso refutado. Refutar cualquier idea de Montaigne es ridículo. Montaigne la expone como opinión, no como verdad. Enojarse por lo que Bacon o Wilde o Beerbohm digan en cualquiera de los suyos es tonto. Ellos mismos serán los primeros en contradecirse quizá en el próximo. El ensayo es así el género más libre, y por tanto uno de los más bellos que existen.

—Entre nosotros no parece practicarse mucho.

—En el sentido en que lo estamos tratando, como algo «no importante», no mucho, pero más de lo que se creería una vez establecido el género. En todo caso, entre los de Salvador Novo y Alfonso Reyes hay obras maestras. Si por nosotros quiere decir América Latina, el máximo ensayista y el más divertido es Borges.

—¿Qué otro género literario podría gozar de esa libertad?

—Supongo que la poesía, si es que a la poesía se le puede llamar género. Todo arte es poesía o no es arte. Si hablamos de la poesía en verso, tengo la dicha de haber renunciado a ella al segundo intento.

—Yo escribo poesía y creo que es el género más difícil dentro de la palabra escrita. Para mí, por lo contrario, la poesía está sujeta a reglas muy rígidas.

—Tal vez a eso se deba que yo haya renunciado a hacerla.

—¿Por qué entonces tanta mención a poetas en lo que escribe?

—Los poetas logran lo más alto en la literatura. Con la prosa se consiguen aproximaciones a lo poético, siempre, claro, que con la prosa no se trate de ser poético. Sin embargo, parece que para escribir buena prosa es necesario haber leído antes muchos buenos versos. La prosa rimada es abominable, pero el buen ritmo de una buena prosa procede casi siempre de la lectura de poetas. De poetas a la antigüita, por supuesto, como Garcilaso, Góngora o Darío.

—¿Qué entonces con los modernos?

—No sé; no me quiero meter en problemas. Quizá las nuevas libertades hayan sido mal entendidas. Muchos quieren hacer un cuento como salga, un poema como salga, una novela como salga.

—¿Y eso?

—Bueno, es un espejismo. En arte las cosas no salen «como salgan». Los buenos poetas lo saben, los buenos pintores y los buenos músicos. Hay reglas. Claro que esto parece reaccionario. Pero todo buen revolucionario sabe que está tratando de abolir unas reglas para establecer otras. ¿Para qué engañarse?

—¿Usted preconizaría de algún modo la vuelta a los sonetos, a las décimas?

—Yo no preconizaría nada. En todo caso eso es algo que usted decide, como poeta. Lo que me interesa señalar es que al dejar de leer buenos sonetos o buenas décimas muchos dentro de este oficio han olvidado que los idiomas tienen una prosodia, y que sin el sentido de esa prosodia no se va a ninguna parte ni en prosa ni en verso. Todo gran poeta ha sido por lo general un gran prosista. Para volver a los nuestros, los casos de Darío, Lugones y López Velarde son notorios.

—¿Qué pasa cuando los cuentistas o novelistas se meten a poetas?

—El desastre.

—¿Desearía mencionar alguno?

—Por supuesto que no.

—¿Qué tan libre es el cuento?

—Actualmente el cuento es tan libre como quiera serlo, con la única condición de que sea bueno.

—¿Cuándo es bueno?

—Cuando se sujeta a ciertas reglas.

—Bueno, entonces; ¿en qué quedamos?

—En que hay que tener libertad, pero dentro de las leyes, como quería Sócrates; o dentro de la Constitución, como dice el delegado municipal de mi barrio.

—¿Qué leyes, por ejemplo?

—Una buena ley sería que el cuento no sea novela ni poema ni ensayo, y que a la vez sea ensayo y novela y poema siempre que siga siendo esa cosa misteriosa que se llama cuento.

—Poe fijó algunas reglas, entiendo.

—Sí, y siguen siendo válidas en muchos sentidos. Pero siempre hay que recordar que Poe escribía para gente que leía con velas (lo que ya de por sí propicia el horror. Le propongo una cosa: quédese una noche solo en su casa, apague todas las luces y lea «Ligeia» con vela) y tenían harto tiempo para leer un cuento «en una sola sesión». Los cuentos se escriben para los lectores de cada época. Por supuesto se necesita ser muy bueno para que el cuentista siga siendo leído por otras generaciones. Poe se sigue leyendo porque es un genio, pero no necesariamente hay que escribir cuentos como los suyos.

—¿Cree, como Borges, que la novela es una sucesión de cuentos cortos, o cree más bien que la novela tiene un mundo especial independiente del cuento? ¿Qué diferencias fundamentales existen entre la novela y el cuento?

—Me imagino que Borges tiene razón en casos como los del *Quijote,* o de sus sucesores del tipo de Henry Fielding o Laurence Sterne, maestros en el arte de hilvanar episodio tras episodio; pero también creo que a partir del siglo XIX las cosas cambian y la novela tiene que ser eso: un todo. *Los hermanos Karamázov* no es una sucesión de cuentos cortos o largos, ni *La guerra y la paz,* ni mucho menos *Madame Bovary* o, en nuestros tiempos, *Ulises* o *Cien años de soledad.*

—Entiendo que sólo en la novela se pueden crear, y no en el cuento, personajes memorables, además de que la novela misma tiene una atmósfera total que el cuento no es capaz de crear. ¿Qué opina sobre esto?

—Que puede no ser tan cierto. Muchos de los personajes de ficción más memorables de la literatura han salido del cuento. Auguste Dupin, de Poe, dio pie para toda la secuela de detectives que culminan con el Padre Brown de Chesterton; *Bartleby,* de Melville, tiene sus últimas (¿últimas?) repercusiones en Kafka; y *Tobías Mindernickel,* de Thomas Mann, tiene algo de eso también; y *Walter Mitty,* de Thurber, será recordado, me atrevo a vaticinarlo, durante más tiempo que todos los personajes de las novelas de Hemingway. Podría citar a otros, pero esto se volvería muy aburrido.

—No estoy de acuerdo. Para mí *Bartleby* es una *nouvelle,* como lo es, por ejemplo, el *Cándido* de Voltaire. Pero entiendo que personajes como Julien Sorel, en donde se encuentran esas raíces de la ambición y el orgullo, o como Père Grandet, que es el arquetipo del avaro, aun Madame Bovary, como la mujer frustrada en su matrimonio, sólo son posibles dentro de la novela.

—Bueno, sí y no. La gente se fija menos en los cuentos, pero Olga Ivanovna, la esposa de un médico genial pero al que ella ignora en *Una mujer insustancial,* de Chejov, está a la misma altura dramática.

—¿En dónde radica el interés de cualquier texto literario? ¿Cómo busca crear el interés en sus narraciones?

—Sé que esto no se oye bien, pero creo que radica en la forma. Por importante o profundo que sea lo que usted diga, si no lo dice bien no hay muchas probabilidades de que logre algo bueno, quiero decir perdurable. Hasta la filosofía necesita de esto. Por lo menos Platón y Schopenhauer lo sabían. El otro elemento sería la verdad. Una narración tiene que ser verdadera, no en el sentido de que lo que cuenta haya sucedido, sino literariamente.

—¿La credibilidad?

—Precisamente. La capacidad de hacer creíble incluso lo absurdo.

—¿Puede uno identificarse con seres absurdos?

—Es difícil que alguien se identifique con los personajes de Góngora. Y sin embargo, es evidente que Góngora nos interesa. ¿Por qué? ¿Es por otra cosa que por la forma?

—¿Cree acaso que Góngora respetaba al lector?

—Desde luego.

—¿A qué tipo de lector?

—Al que se pareciera a él culturalmente; al que tuviera su nivel cultural; insisto en lo cultural porque Góngora era pobre, un muerto de hambre.

—Pero para entenderlo se necesita conocer la mitología griega, por decir algo.

—Yo no he hablado de entenderlo. Góngora no es un filósofo ni un tratadista; sencillamente es poeta. ¿Para qué quiere entenderlo?

—Pero aun como tal es un poeta para élites.

—¿Qué quiere decir élites?

—¿Me está tomando el pelo?

—No; ahora se usa mucho esa palabra. ¿Qué quiere decir según usted?

—Un mínimo y capaz grupo de lectores, en un principio.

—¿Se refiere a los obreros y campesinos, que es el mínimo de lectores que puede encontrarse en nuestros países?

—Si por obrero o campesino —de la poesía— se entiende a Darío, Lorca o Vallejo...

—No entiendo.

—¿Usted escribe para élites?

—Escribo para cualquiera que sepa leer.

—Pero algunas de sus cosas no son fáciles.

—Espero.

—Pero entonces, ¿cómo es que escribe para cualquier persona que sepa leer?

—Un jugador de béisbol juega para cualquier espectador que sepa algo de béisbol. ¿A usted le gusta?

—Jugué béisbol y juego a la literatura.

—Bien.

—Perdone, pero ese tipo de respuesta acaba la discusión pero no da soluciones.

—Lo malo, o lo bueno, es que los problemas literarios no tienen soluciones.

—Pero cada uno debe dar su respuesta personal a los mismos.

—Bueno, está bien. Tiene razón. Los problemas literarios son arduos. Sobre todo, uno debe darse cuenta de que, como decía alguien, cuando se pone a escribir está manejando una herencia de dos mil quinientos años, y de que, antes de poner la pluma sobre un papel, uno debería hacerlo con cierto respeto a esa herencia. En realidad, escribir es un acto redundante, puesto que todo está dicho ya. Incluso esta última frase. Sin embargo, quizá habría que considerar la ignorancia como un gran bien. Sólo la ignorancia nos hace sentir que somos capaces de decir algo que valga la pena que no haya sido dicho antes mucho mejor. Bueno, permitámonos esa ilusión.

—¿En qué género literario se encuentra más a gusto?

—Creo que en el ensayo breve e informal.

—¿Acostumbra releer sus libros?

—Sí; de vez en cuando les echo una ojeada.

—¿Con qué objeto?

—Con cierta curiosidad. A veces uno se pregunta cómo se le ocurrió tal cosa y, de ocurrírsele ahora, si la escribiría de la misma manera. Desde luego la respuesta es no. El argumento podría ser el mismo, pero las «ocurrencias» del desarrollo son únicas. También hay cierta melancolía en eso de ver cómo hacía uno algo un número de años antes; qué le interesaba, entre qué gentes andaba, o diciendo qué palabras.

—Muchos críticos hablan de la responsabilidad social del escritor.

—La responsabilidad social es de todos. Quizá en países analfabetos, en que al escritor se le exige algo que él no se había propuesto, toda vez que no es político, ni sociólogo, ni dirigente de masas, en esos países pienso que se está exagerando esto. El escritor es un artista, no un reformador. Los *Versos sencillos* de Martí son la obra de un escritor. Cuando Martí quiso actuar como político agarró un fusil, atravesó el Caribe, se montó en un caballo y murió bellamente en el primer combate. Siempre supo qué cosa estaba haciendo.

—Pero en los libros de usted hay varios textos que tocan la política.

—Sí; pero en cuanto el tema político resulta tan cotidiano como cualquier otro. En nuestros países, y esto es quizá lo que haga que ciertos críticos quieran más política en lo que uno escribe, la política absorbe prácticamente todo. Claro, cuando digo política lo digo en el sentido en que lo entiende la gente sencilla: la represión, el temor a la policía (sólo entre nosotros la gente decente teme a los policías), la corrupción, la falta de libertad para leer o ver, ya no digamos para escribir. En la mayor parte de los países latinoamericanos la política ha terminado por convertirse simplemente en esto: en matar o ser muerto, en hablar o estar preso, en oponerse o estar desterrado.

—Ese es un concepto regional. Russell o gente por el estilo enfrentaban sus deberes políticos de otra manera.

—En Inglaterra y en los Estados Unidos las ideas de Russell podían ser perseguidas, pero no sus testículos. Si usted tiene ideas en los países de que hablé antes, la policía no persigue esas ideas, no le importan ni las entiende: persigue sus testículos y hará todo lo posible por arrancárselos.

1977

# La experiencia literaria no existe

GRACIELA CARMINATTI. *Lo demás es silencio,* ¿puedes considerarlo novela?

AUGUSTO MONTERROSO. Sí; aunque desde luego no una novela convencional o lineal. Las partes de que se compone son lineales; pero no el conjunto.

—¿A qué género o géneros corresponde?

—Al novelesco, por supuesto.

—¿Con qué criterio estructuras las distintas formas en que está escrita?

—Traté de que cada «testimonio», por ejemplo, constituyera una unidad independiente. Sin embargo, todas son necesarias para conocer mejor al protagonista y su mundo. Creo que esto está logrado en tres de los testimonios. El del hermano del protagonista se interrumpe desgraciadamente por suicidio de aquel.

—¿Por qué se suicida?

—No sé; es algo extraño, pero no pude evitarlo. Supongo que era un hombre demasiado negativo como para seguir dejándose crear.

—¿Y en cuanto a las otras partes?

—Eso fue más fácil porque sólo se trataba de rechazar o de escoger entre la extensa obra de Torres.

—¿Y la «colaboración espontánea»?

—Hubo varias o pudo haberlas habido, pero bastó con una para dar una idea del nivel a que se encuentra la crítica en San Blas.

—Se dice que San Blas es la ciudad de México con sus habitantes, sus críticos y sabios y todo. ¿Es cierto?

—Yo no me atrevería a decir tanto. Depende de cómo quiera tomarlo cada país. Creo que hay para todos.

—Desde el primer artículo que publicaste en la *Revista de la Universidad* en 1959 fuiste revelando al personaje. ¿Pensaste ya entonces escribir su biografía?

—No; la biografía se fue formando sola, con los años. Si me lo hubiera propuesto desde el principio, no la habría hecho nunca. Ya se me dificulta mucho pensar en leer libros enteros como para pensar en escribirlos.

—¿Cuál fue la idea inicial?

—La de rescatar una serie de artículos de un intelectual de provincia, específicamente el Dr. Eduardo Torres, de San Blas, S. B. Me costó trabajo encontrarlo, familiarizarme con él (no soy muy dado a las confianzas) y decidirme a hacerlo. Pero los años pasaron, las piezas se juntaron y el libro finalmente salió. Esto me dio tiempo de rechazar mucho material que también encontró su lugar adecuado: el lugar más oscuro de mi escritorio.

—¿No tenías prisa?

—Evidentemente no; comencé a darlo a conocer en 1959, al mismo tiempo que publicaba mi primer libro, *Obras completas (y otros cuentos).* Creo que el consejo latino de guardar las cosas unos siete años sigue siendo bueno. Yo añadiría el de pensarlas.

—¿Y qué ocurre si uno se muere antes?

—Nada.

—*Lo demás es silencio* tiene dibujos sin firma, ¿son tuyos?

—Sí, son míos, y en *El Heraldo de San Blas* y en esta misma revista[1] aparecieron con mi firma. A la hora de pasar a la forma de libro preferí quitársela para no dar la impresión de que me entrometía en la obra de Torres.

—¿Pensaste alguna vez ser dibujante?

—No.

—¿Qué opinas de los libros ilustrados?

—Es muy difícil opinar sobre esto, porque indefectiblemente uno piensa en todas esas grandes obras ilustradas por Doré, sobre todo el *Quijote,* y entonces está bien, pues fueron precisamente las imágenes de don Quijote y Sancho concebidas por él las que quedaron fijas en la imaginación de la gente. Pero no puedo pensar en Proust o en un libro de poemas de Vallejo ilustrados como se hacía con los románticos. Ahora parece extraño ilustrar un poema. Un cuento mío, «Mr. Taylor», ha aparecido ilustrado en Chile, Ecuador, México, etcétera, con resultados un tanto desastrosos.

—Pasando a otra cosa, ¿cómo llegas a una escritura tan concisa y breve?

—Tachando. Tres renglones tachados valen más que uno añadido. Además, imagino que porque así es como pienso

1. Revista de la Universidad de México.

y hablo. Por otra parte, si se logra que no se note afectada, la concisión es algo elegante. Los adornos y las reiteraciones no son ni elegantes ni necesarios. Julio Cesar inventó el telégrafo dos mil años antes que Morse con su mensaje: «Vine, vi, vencí». Y es seguro que lo escribió así por razones literarias de ritmo. En realidad, las dos primeras palabras sobran; pero Cesar conocía su oficio de escritor. Y no prescindió de ellas en honor del ritmo y la elegancia de la frase. En esto de la concisión no se trata tan sólo de suprimir palabras. Hay que dejar las indispensables para que la cosa además de tener sentido suene bien. En *cuándo* suena bien sin afectación consiste la otra cara de la dificultad.

—Ahora se sabe que no sólo has escrito el cuento más breve del mundo, sino también el prólogo más breve, el que viene en tu *Antología personal* del Fondo de Cultura Económica.

—Sí, es probable. Me gusta la idea de que se trata de un homenaje a Cervantes, cuyo prólogo a *El viaje del Parnaso* tiene cincuenta y dos palabras. En mi prólogo yo quería *decir algo* con menos palabras y lo hice con cincuenta y una. Me adelanto a la posible observación de que esto es una tontería. Lo es.

—Tu estilo tan elaborado pero suelto y fresco, ¿es producto del oficio, de la inspiración o de ambas cosas?

—Si por elaborado se entiende rebuscado, no estoy muy de acuerdo. Pero tal vez estemos hablando de dos cosas, así que mejor pongamos algo de orden. Yo no tengo un estilo, excepto cuando escribo ensayos, en los cuales soy yo el que habla. Pero en la ficción nunca soy yo quien habla, aunque esta esté escrita en tercera persona; aun entonces el narrador es otro, yo no sé quién, pero otro, que ni siquiera es escritor. Siempre me ha preocupado saber quién es el narrador del

*Quijote.* Puede ser un amigo de los Quijano, un vecino observador, cualquiera, según yo, pero no Cervantes.

En *Lo demás es silencio* los estilos son de los personajes, quizá un poco corregidos por mí, pero esto no es raro pues mi oficio en realidad es la corrección de estilo.

—¿Qué es el estilo para ti?

—La precisión, la viveza, la variedad, la rapidez, la adecuación a cada asunto, a cada intención. Lo de «el estilo es el hombre» suena bonito, pero no quiere decir nada.

—Entrando a la obra general, ¿cuál sería la búsqueda del tiempo perdido en ti?

—En este libro hay algo de esa búsqueda en Luciano Zamora; pero no me gustaría repetir esos lugares comunes de que uno escribe para rescatar su infancia, o cualquier otra época de su vida. Todas esas declaraciones tienden a volverse fáciles y cursis, y creo que cuando hablan de eso los escritores se toman demasiado en serio. ¿A quién le importa lo que el escritor trata de *rescatar*?

—¿Cuál es tu idea del ritmo?

—Tengo la idea, pero no puedo expresarla. Creo que oír la clave Morse funcionando acerca a la cosa, o el ruido del traqueteo del tren. En la prosa, sin embargo, no hay que hacer todo el viaje en tren. En el momento en que el oído del lector se acostumbra al mismo ritmo, el lector por lo general se duerme. En un caballo es más difícil dormirse, y puedes acelerarlo o ponerlo al paso a tu antojo.

—¿Practicas la equitación?

—Sólo cuando escribo.

—¿Cuál es tu idea de la cadencia?

—La misma que la del ritmo.

—¿Cómo se produce en tu prosa el fenómeno fonético?

—Uno llega con el tiempo a adquirir un ritmo y una cadencia propios, aunque por lo general el ritmo y las cadencias son ya los del idioma hablado. El trabajo cuando se escribe consiste en adaptar esa respiración hablada, lo que por cierto no es fácil porque se necesita tener el oído, aparte de que si uno se descuida puede llegar a adquirir el vicio de escribir en prosa «rítmica». De la misma manera se adquiere el sentido de la entonación. El oído da también el buen sentido del uso de las vocales, que es el del lenguaje común y corriente (o sea el más difícil de escribir). Pero todas estas cosas tienen un valor relativo. Lo importante sigue siendo lo que se dice. Todas tus vocales y comitas se van al diablo cuando pasas a otro idioma, y esto no importa si en el tuyo has dicho algo.

—¿Cuál es tu idea de la cualidad principal de la prosa?

—La cualidad principal de la prosa es la precisión: decir lo que se quiere decir, sin adornos ni frases notorias. En cuanto la prosa «se ve», es mala. En tanto que cada verso debe verse y brillar independientemente de los que lo preceden o siguen, en prosa la función de cada frase es tan sólo la de llevar a la siguiente. Si un verso es bueno, nunca sobra; pero en prosa hay que renunciar a muchas frases buenas en honor de decir sólo lo necesario.

—¿Crees esencial saber exactamente qué quieres decir antes de escribirlo? ¿Abandonas la idea inicial?

—No, no es esencial, pero sí es importante. Creo que lo mejor es tener la idea general y después ver qué formas y caminos va tomando y dejar funcionar el instinto. Después uno sabe qué hace con todo lo que sale, pero ya no por instinto sino por oficio o experiencia. La idea inicial puede ser abandonada si en el camino uno se encontró algo mejor. Creo que esto sirve hasta para comprar un suéter.

—Ya que «todo ha sido dicho» antes, ¿en qué crees que consista la aportación de los escritores sobresalientes de nuestra época? ¿Hay originalidad posible?

—En mantener vivo y con decoro precisamente lo que ya ha sido dicho antes. El arte es nuestra herencia, recibida y por dejar.

No sólo hay originalidad sino que debe haberla en cuanto se hace. La originalidad es lo que distingue a unos autores de otros. Góngora es diferente de Garcilaso y Darío de este y Neruda de Darío. Darío, Vallejo y López Velarde eran diferentes entre sí, pero no creo que porque lo hayan buscado sino porque eran diferentes, es decir originales. Buscar la originalidad debería consistir en ser uno mismo. Sólo que cuando empiezas no sabes quién eres ni quién vas a ser.

—Cuál es tu idea del tiempo encontrado? Y dentro de este, ¿cuál es tu sentimiento prevaleciente?

—No entiendo la pregunta.

—¿Cuál es tu lucha dentro de este propio tiempo?

—No entiendo.

—¿Cuáles son las metáforas principales o fundamentales para ti?

—Ninguna. Huyo de las metáforas; sólo los malos escritores se ponen felices con ellas. Incluso los símiles son peligrosos, porque dan la impresión de que el autor duda de la inteligencia de sus posibles lectores. «La negra noche tendió su manto» es un ejemplo de lo que no debe hacerse nunca en prosa. «Cayó la noche» ya es menos malo, pero sigue dando idea de «literatura». Lo mejor es: «Se hizo de noche» o «Llegó la noche». Cualquier otra forma de decir esto es basura.

# II

—¿Cómo descubriste tú lo cómico y el humor?

—Recuerdo que desde muy niño observé que en las cosas y en las personas y en las situaciones había siempre una parte cómica. Antes creía que a todos nos sucedía igual; pero con el tiempo me he dado cuenta de que hay personas incapaces de percibirlo; no digo de expresarlo, sino simplemente de percibirlo.

—¿Tú, como escritor, eres necesariamente chismoso?

—Sí; si en la ficción las cosas no suenan un poco a chisme pierden interés.

—¿Cuáles son tus monstruos sagrados favoritos en la literatura, en el deporte, en la naturaleza, etcétera?

—No me gusta la expresión de monstruos sagrados. ¿No es algo que se aplica más bien al cine?

—Sí, creo que de ahí viene: Greta Garbo, Bette Davis, etcétera. Pero en fin...

—Los franceses llaman monstruo sagrado a Shakespeare, por ejemplo, quizá porque no se han dado cuenta del tono irónico de la expresión, con lo buen ironista que era Voltaire. Pero para la literatura la expresión como que resulta insuficiente o fuera de lugar. Llamar monstruo sagrado a Molière francamente no encaja. Pero volviendo a tu pregunta, creo que Cervantes es el escritor que de veras me cae bien. No digo que lo venero porque no soy licenciado, pero sí que me gusta saber que está ahí, que es el mejor novelista en cualquier lengua y que basta con él para aclarar todas las tonterías que se dicen contra los españoles y acerca de la incapacidad de nuestro idioma.

En el deporte no puedo admirar a nadie. Los deportes están bien para los que los practican. Personalmente los considero dañinos para la salud después de pasados los dieciocho años.

En la naturaleza admiro mucho las catarinas y ciertos árboles.

—¿Qué libros lees preferentemente?

—Ensayos literarios, filosóficos, científicos. Biografías y diarios y poesía.

—¿Encuentras tiempo para todo eso?

—En realidad, sí, porque soy muy mal o muy buen lector, no sé. En cuanto un libro me aburre lo dejo o aun cuando no me aburra lo más probable es que también lo abandone por otro más interesante en ese momento para mí. Por fortuna, en su tiempo leí en serio casi todo. Los libros son como la gente, ¿cómo le vas a dedicar todo tu tiempo a todos los que te encuentras, salvo a dos o tres que son para toda la vida?

—¿Cuáles son tus *bêtes noires*?

—Los escritores que se valen de las revoluciones latinoamericanas para adquirir notoriedad; la canción protesta y la música popular en estaciones de radio culturales; el jazz como elemento literario después de Cortázar. En él está bien.

—¿Qué piensas de tus propios síntomas proféticos? («Mr. Taylor», etcétera).

—Nada; lo dejo para la crítica. En otro cuento mío alguien encuentra una obra perdida de Schubert en Guatemala. Ahora un historiador búlgaro acaba de descubrir en Sofía un manuscrito perdido de Liszt. Espero que los de Schubert en realidad no aparezcan nunca, porque el protagonista de mi cuento finalmente los destruye.

—¿Qué te gustaría escribir ahora?

—Perdóname, pero no creo que tenga caso hablar de lo que podría ser.

—¿Tú te crees natural, ingenuo?

—Depende de la hora y con quién estoy; se puede llegar a parecer natural, pero da mucho trabajo.

—¿Cuáles son tus vicios, tus adicciones, qué no puedes evitar cuando escribes?

—Actualmente mi mayor vicio es leer indiscriminadamente. Cuando escribo no puedo evitar moverme, levantarme, caminar. Esto depende también de la versión que lleve de algún texto; cuando es la primera, el nerviosismo es mayor. Tampoco puedo evitar la idea de que todo está saliendo mal, pero he aprendido a considerar cada versión como un borrador, lo que me hace perder el miedo. Los textos sólo dejan de ser borradores cuando pasan a libros. En revistas y diarios todavía son borradores corregibles. Al llegar a libro los errores se quedan ahí en sucesivas ediciones. Un crítico me señaló una vez tres errores gramaticales en un libro. No tenía razón y se lo demostré. Pero en ese mismo libro hay dos errores reales que él no vio, y yo no le voy a decir cuáles son.

—¿Existe algún simbolismo o algo disfrazado en tu obra como alegoría?

—Sí; varios. A veces hay cosas que uno quiere decir y que quizá nunca se lleguen a saber. Toda literatura es alegórica o no es nada. Muchos escritores explican sus simbolismos, sus alusiones, temerosos de que la gente se los pierda. Bueno, si la gente se los pierde, peor para la gente. Creo que no explicar lo que uno quiso decir en un libro es cuestión de decoro.

—¿Cómo es la duda primordial en ti?

—Se presenta en forma de desconfianza en lo que escribo; en que carezca de valor. Tengo que hacer grandes esfuerzos de humildad para convencerme de que si lo que publico no vale la pena, en realidad no importa. Lo que finalmente me hace decidirme es que me gusta mucho ver mi nombre en letras de molde y saber que a algunos de mis conocidos les va a molestar verlo.

—¿Cómo pasas de la realidad a la imaginación o a la inversa?

—Hace tiempo que eso dejó de ser un problema para mí porque estoy convencido de que, se escriba o no, la realidad y la imaginación están tan entremezcladas en todo lo que hacemos que establecer la frontera entre literatura y algo real, entre algo que vivimos y algo que imaginamos, es completamente inútil, o en todo caso que lo que se escribe es sólo una ilusión de segundo grado. Sin embargo, el dolor humano es real; el hambre de muchos seres humanos es real.

—¿Qué es para ti la libertad?

—Me da miedo de que al hablar de esto confundamos política con elección de vida o con literatura. Todos tenemos una idea de lo que significa la libertad política; lo de la libertad existencial se empieza a complicar con el libre albedrío y el determinismo, pero si nos atenemos a la literatura tal vez sea menos arriesgado opinar respecto a uno mismo. En cuanto a mí, me hago la ilusión de que puedo escoger los temas y las formas que quiero, y creo que así lo he hecho; pero sé que he estado libre de modas, que he optado por publicar lo menos posible (un promedio de un libro cada diez años) y que por lo menos trato de no publicar basura. Como ves, todas estas son libertades negativas.

—El ejercicio de la libertad asusta a muchos quizá porque no resisten rebelarse contra el *establishment*. ¿Estás de acuerdo?

—Rebelarse contra el *establishment* es muy fácil. Incluso es una rebelión hasta cómoda, porque si uno fracasa como escritor siempre le queda el consuelo de que fue por culpa del *establishment*. Por otra parte, son precisamente los llamados rebeldes los que más le gustan al *establishment*. No, yo creo que la rebelión viene dada siempre en una obra bien hecha.

—¿Qué opinas del compromiso?

—Aparte de sus compromisos políticos, familiares, laborales, sociales, deportivos o culinarios, el único compromiso del escritor es el de no publicar cosas mal hechas.

—¿Se es conformista por conveniencia o por incapacidad de lucha?

—Los términos no se contraponen. Si eres incapaz de luchar te conviene ser conformista.

—¿Es un rebelde el creador?

—Lo más fácil sería decir que sí, pero en esto hay que saber matizar también entre rebeldía y rebeldía, pues aun en lo más aparentemente rebelde como, digamos, *Gargantúa,* hay una sumisión a lo clásico, a la forma, a la lógica o, por lo menos finalmente, al concepto de la belleza. Los rebeldes que no se sujetan a esto terminan en realidad por convertirse en charlatanes. Así, el movimiento dadá terminó por darse cuenta de que no iba a ninguna parte, y es sabido que aun detrás de la rebeldía de Picasso o Stravinsky se encuentra siempre, escondida pero siempre ahí para los que saben ver, la sujeción a reglas.

—¿Y en cuanto a ti mismo?

—No creo que se valga hablar de uno mismo después de estos nombres.

—Yo insistiré. Dada tu originalidad, ¿te consideras un rebelde en la literatura?

—Bueno, no. Siempre he estado, consciente o inconscientemente, sujeto a reglas. En cuanto me salgo de ellas me siento mal. La sintaxis, la prosodia, la lógica me traen siempre del pelo. Claro que a veces trato de fingir rebeldía contra los preceptos clásicos, pero no me sale, y si alguna vez me ha salido debe de haber sido por chambonada.

—¿Qué es la rebeldía para ti?

—Hay muchas formas de rebeldía. Estar vivo es ya una forma de rebeldía que se manifiesta prácticamente contra todo desde el momento en que uno despierta cada día.

—¿Y en literatura?

—En la medida en que la literatura es parte de la vida, la rebeldía tiene que ser inherente tanto al lector como al que escribe. La mayoría de los lectores son rebeldes, pero la mayoría de esta mayoría se rebela no contra lo malo sino contra lo bueno.

—¿Podrías decir una frase «típica» de Monterroso?

—No creo.

—¿Cuál es tu repercusión popular? ¿Qué piensa la gente? ¿Hay algún Monterroso en quien la gente no piense o se haya olvidado?

—No sé, pero es un hecho que con frecuencia imaginamos a los otros en formas muy pocas veces coincidentes con la realidad.

—La literatura nutre gran parte de tu mundo creativo, a la par que la filosofía, ¿por qué?

—Cualquier arte se nutre en primer lugar de sí mismo. Posteriormente se auxilia con otros, pero el reciclaje es su principal alimento. Así, la literatura se hace con literatura. Del olvido o de la ignorancia de eso nace tanta mala literatura. Principalmente la que quiere hacerse, digamos, con política, es la más llamada a ser mala, y, por tanto, a perecer más pronto. Tampoco se hace con sentimientos, que son muy malos consejeros. Ni con ideas. Nadie sabe con qué se hace la buena literatura. Si yo lo supiera estaría escribiendo una novela en vez de estar contestando estas preguntas.

## III

—En *Lo demás es silencio,* ¿cómo lograste imprimir un estilo personal a cada personaje sin faltar a tu estilo propio?

—Supongo que se trata de pura cuestión de oficio, sobre todo si se usa la primera persona. Por desgracia uno está siempre propenso a meterse en la mente del personaje y, curiosamente, eso, que bien visto es una falla, es lo que da como resultado el «estilo propio». Como cada personaje es en realidad una mezcla de muchas personas que uno conoce, también de eso hay que cuidarse, cuidarse de que *una* de todas esas personas se posesione del papel. A veces a Cervantes le sucedía que Sancho resultaba hablando como hombre de letras, pero Cervantes era lo suficientemente listo, se daba cuenta, e inventaba cualquier excusa para salir del paso y seguir adelante, y en eso consiste parte de su gracia y de su naturalidad. El otro día leí que el monólogo de Molly Bloom no podía haber sido pensado por la esposa de Leopoldo Bloom, de acuerdo con sus antecedentes. Lo que sucedió fue que en ese personaje se metió Norah Bernacle, la mujer de Joyce, y se posesionó del papel a pesar de este. Afortunadamente a nosotros nos da igual porque el «estilo propio» sigue siendo el de Joyce.

—Constantemente surgen referencias filosóficas, digamos, por ejemplo, en el discurso de Eduardo Torres a los notables de San Blas, ¿por qué?

—Sencillamente porque Eduardo Torres sabe mucha filosofía y mucha historia y no va a desperdiciar tan gran oportunidad para mostrar sus conocimientos. Si en vez de gubernatura de San Blas le hubieran ofrecido la dirección de un hospital su negativa la habría apoyado en Hipócrates, en Galeno y en Cristo y hasta en Florence Nightingale, mezclado con dos o tres locuras que el lector desprevenido (como en el caso que citas) ni siquiera sospechará.

—Recreas textos de clásicos españoles o de Dante o citas proverbios, etcétera. ¿Qué sentido tiene esto para ti?

—No, no recreo. Lo que hago son referencias a libros que todo el mundo conoce, como la *Divina Comedia* o la *Vita nuova,* porque en un momento dado son autores que uno de los personajes, Luciano Zamora, ha leído y usa con naturalidad, por lo que ni siquiera menciona al poeta o a otros que están influyendo en su «testimonio».

Por lo que hace a los proverbios, son fruto del espíritu popular de San Blas. El doctor Torres tiene muchos otros recogidos en su ensayo «Paremiología samblasense», que en el libro no se incluyó por ser demasiado extenso y explicativo. Explicar un refrán es negar su sabiduría.

—Tu obra ofrece una doble lectura, la del erudito y la del lego y, aunque piensas más en tus colegas cuando escribes, logras paralelamente una comprensión fácil del lector común, ¿te implica esto mucha dificultad de realización?

—Sí. La parte del erudito, como tú la llamas, debe estar tan escondida que nadie se dé cuenta, excepto cuando por necesidades obvias hay que mencionar nombres. Por supuesto, yo no he inventado tal cosa; la alusión literaria es tan vieja como cualquier otro buen recurso. Si cuentas con buenos lectores no tienes que andar diciendo a cada paso «como dijo Fulano», o «como dijo Erasmo», pues ya en la secundaria la gente lo aprendió, aparte de que para los buenos lectores siempre es un goce saber quién dijo tal cosa sin que se lo señalen.

El otro problema es el lego. Pero el lego se contenta con los hechos y se conmueve, o se divierte, si uno le cuenta que alguien se desmayó de dolor o emoción, sin necesidad de que lo abrume con que eso también le sucedió a Dante en el Infierno, cuando oyó la historia de la caída de Francesca de Rimini, por boca de esta, *Inf.,* V, 136-142.

Un profesor de Saint Louis, Missouri, me ha propuesto una edición anotada de *Lo demás es silencio,* patrocinada por la Editorial Endymion. Yo lo dejo hacer, pero no pienso colaborar con él.

—¿Cuál es tu mayor preocupación, como escritor, frente al lector?

—Que este se aburra.

—¿Te diviertes cuando escribes, o sufres?

—Ambas cosas. Lo peor es la preocupación y la duda sobre el resultado final.

—¿Eres obsesivo?

—No lo sé. En todo caso, creo que muy poco, si por obsesión se entiende algo que te hace sufrir. Creo que me he enseñado a no sufrir mucho por *una* sola cosa a la vez. ¿Lo contrario sería ser obsesivo?

—Has descrito en pocas líneas el poder y la política versus el ejercicio del pensamiento; si son tus valores, defíneme al político profesional. ¿El fin justifica los medios?

—Yo no he señalado esa discrepancia. Lo dice Eduardo Torres. No sé mucho de política y el poder me da miedo. No digo los poderosos, sino el poder, que yo no sé usar. Todas las mañanas me da vergüenza que mi cocinera tenga la obligación de freírme un huevo. Hasta ahí llega mi poder y así estoy contento.

El político profesional es el que tiene vocación de mando, como yo tengo vocación de ver las nubes.

La frase «El fin justifica los medios» nos horroriza porque nadie confía en los demás y pensamos que los medios tienen que ser siempre horribles para alguien. En todo caso es una frase que sólo le sirve a los editorialistas de los periódicos para dar a entender que han leído a Maquiavelo.

—Luciano Zamora establece un axioma: que en el mundo sólo existen tres cosas que lo rigen: amor, odio e indiferencia. ¿Es así en realidad?

—Sólo añadió «indiferencia» a los conceptos de Empédocles. Es su gran aporte a la filosofía.

—¿Cómo has hecho para desdoblarte en la crítica a Augusto Monterroso y hablar de ti mismo en boca de Eduardo Torres? ¿Eres objetivo allí? ¿Haces una apreciación justa?

—Tendría que releer esa crítica. En todo caso creo que en ella se revela el *modo* de pensar del doctor Torres; de manera que el sujeto podía haber sido cualquier otro, tratado justa o injustamente.

—¿Sólo tangencialmente puedes criticarte?

—No; yo creo tener claro el valor de mis libros, pero esta apreciación nunca es la misma, sino que depende de muchas cosas, sobre todo del juicio de los demás. Vamos por partes: Si alguien me dice que mis libros son buenos; se lo creo, naturalmente, y estoy de acuerdo con él; pero si otro me dice que son malos (esto es hipotético: nadie me lo ha dicho cara a cara) no se lo creo y lo que hago es sospechar que no los entendió o que es muy bruto. En un suplemento dominical un crítico mexicano, refiriéndose a *Lo demás es silencio* escribió textualmente: «Además, eso de inventar personajes falsos está ya muy choteadísimo». En una frase de diez palabras este crítico comete dos disparates, uno de lógica y otro gramatical; pues si han de ser inventados, los personajes tienen que ser falsos, y en cuanto a la expresión «muy choteadísimo», hasta un niño de primaria sabe que ningún superlativo admite el muy. Sin embargo, él debe de creer que Eduardo Torres es falso, tonto e ignorante. En lo personal, juzgo mis libros de acuerdo con estados de ánimo. A veces me deprime pensar que no son muy buenos pero nunca he llegado a pensar que sean malos.

—En dicho artículo sobre ti, Eduardo Torres dice que Augusto Monterroso «clava el aguijón de su sátira en las costumbres o *mores* más inveteradas para castigarlas *ridendo...*». ¿Es una autodefinición?

—En mi caso no se trata de presentar ninguna costumbre para *castigarla,* ni riendo ni de ninguna manera. Todos somos tontos. Si en mis libros aparece gente tonta es porque la gente así es y no hay nada que pueda hacerse. Cuando siendo adolescente leí *El diablo cojuelo,* me impresionó la frase: «Todos somos locos, los unos de los otros» y me di cuenta de que así era. Tonto y loco es lo mismo. Después leí en Gracián que «son tontos todos los que lo parecen, y la mitad de los que no lo parecen», de manera que lo mejor es tratar de averiguar en qué mitad está uno.

—¿Esa perspectiva, no obstante, no contiene una nota amarga, escéptica, triste?

—Sí, es triste, y peligrosa. Es evidente que Carter es tonto, y sin embargo dirige el país más poderoso del mundo. A veces los tontos adquieren mucho poder.

—¿A qué lo atribuyes?

—A que los inteligentes son perezosos o, poniéndolo más suave, ociosos, o más suave aún, contemplativos, y dejan hacer a los otros. Por otra parte, sólo los tontos creen que pueden cambiar el mundo.

—¿Y no se puede?

—Bueno, habría que ser claros. Se pueden cambiar ciertas circunstancias (políticas, por ejemplo) y hay que hacerlo, pero no puedes cambiar al hombre, como no puedes cambiar a los pollos, que se convertirán en gallos y en gallinas para reproducirse en otros pollos.

—¿Te hubiera gustado nacer en otra época y con otro destino?

—Realmente no. Esta es la mejor época que ha habido nunca; por lo que hace a mi destino, no puedo imaginar otro.

—¿Le conviene al escritor vivir fuera de su país?

—Yo creo que sí. Tus paisanos nunca están dispuestos a creer en alguien a quien conocieron o conocen de todos los días. La primera lucha del escritor es contra sus paisanos; la segunda, contra sus amigos. Así que vivir en alguna otra parte es bueno, ya sea en un país mejor o peor que el de uno. Si es supuestamente mejor, tratan de protegerte, por lástima; si es peor te les impones por algo que en este momento sería largo establecer. Claro que en esto hay excepciones, pero la lista de los que se fueron para su bien es bastante larga. Irse y regresar también es bueno. Basta que hayas vivido aunque sea un corto tiempo en Islandia para que lo que haces les parezca mejor a tus paisanos y a los islandeses.

—¿Cómo opera el exilio en el escritor?

—¿No es extraño que a medida que el mundo se hace más pequeño los intelectuales estrechen cada vez más sus miras y piensen más en términos de exilio? ¿No crees que el concepto de exilio o de sentimiento de nostalgia por el país son algo más bien pobre?

—¿En dónde están tus raíces?

—En este momento, aquí.

—Existen quienes hacen un país y quienes viven de él; para ti, ¿cuáles son unos y otros?

—Casi todos los países, antiguos y modernos, han sido hechos por extranjeros. Basta pensar en los Estados Unidos o en la Argentina, para no hablar de Inglaterra, o Francia, o España, cuando les tocó ser hechas por «extraños». Realmente, yo no creo que nadie sea extranjero, pero sin pensarlo, la gente se deja llevar por estos conceptos superficiales. Creo que era Juvenal quien decía *ubi bene, ibi patria,* pero eso suena ahora a cinismo.

—¿Qué opinas de la era tecnológica? ¿Podrá el hombre sobrevivir en ella?

—Creo que no sólo podrá sobrevivir sino que ha sobrevivido siempre e incluso que el hombre jamás se hubiera inventado a sí mismo sin instrumentos. Sus parientes se deben de haber retirado unos cuantos metros cuando el primer hombre inventó el fuego.

—¿No sientes que tu mundo gira en torno a la observación crítica, a la autocrítica y al miedo de la crítica?

—Así es.

—Hay elementos reencarnados en tu obra de libros anteriores, Eduardo Torres, la mosca, etc. ¿Qué significado tienen para ti?

—Si uno escribe varios libros está condenado a que ciertas cosas se repitan insensiblemente. Creo que contra esto no se puede hacer nada. Todo lo que uno hace son variaciones de cuatro o cinco temas y motivos y formas. Antes yo sabía inmediatamente qué parte de qué sinfonía de Brahms estaba oyendo; ahora sé que me es igual, que todas son la misma.

—¿Qué te propones al iniciar y concluir *Lo demás es silencio* con un epígrafe «llamado a confundir»?

—El doctor Torres supone, y lo dice en el libro, que alguien cometió allí un error deliberado para «confundir», como si también lo que él hace fuera del todo inocente. Pero preferiría no meterme en esto. Que cada quien piense lo que quiera.

—El «Decálogo del escritor» y la «Ponencia del Congreso de Escritores», ¿son el otro yo de Augusto Monterroso?

—No; son el otro yo de muchos yoes o túes.

—En el capítulo de aforismos, dichos, etcétera, ¿resumes tu pensamiento?

—No, allí se resume apenas una mínima parte del pensamiento de Eduardo Torres. Cuando yo quiero expresar lo que pienso de algo, repito, lo hago en un ensayo. Como no tengo muchos pensamientos, mis ensayos son también muy escasos.


IV

—Tú diriges talleres literarios, ¿qué preparación tienen los asistentes?

—La mayoría están mal preparados; pero todos estamos mal preparados. Lo importante es saberlo, adquirir conciencia de eso. No se necesita mucha «preparación» para escribir un cuento; pero sí alguna para saber si ese cuento está bien o mal. En otras palabras: no se puede enseñar a escribir; pero sí a leer, a leer a los demás, *en* los demás y *en* uno mismo. Muchos asistentes creen que saben y es muy difícil hacer algo con ellos. Se molestan. Se ofenden. Sin embargo, a veces los más ignorantes se vuelven famosos más pronto. Pero esa es otra historia.

—¿Se toca la política?

—En el sentido en que todo tiene que ver con la política, sí; pero aquí la mayoría están más preocupados en relatar sus sueños o fantasías que en retratar o criticar la realidad externa. A veces es necesario recordarles que el mundo existe, que los demás existen.

—¿Qué pides a tus alumnos?

—Que lo que hagan esté bien hecho, y sea bello. Qué es estar bien hecho y ser bello ya es otro asunto, y en eso consiste nuestro principal trabajo, en la formación del gusto, para poder autocriticarse.

—¿Se examinan nuestras literaturas?

—Sí; pero sólo cuando coinciden con ciertos valores de la literatura universal, no como programa. Vemos la literatura como un hecho universal. Si alguna vez nos referimos a autores latinoamericanos es cuando estos se relacionan con lo mejor de cualquier parte del mundo. Si una página está bien, lo mismo da que sea francesa, finlandesa o guatemalteca.

—¿Existe una nueva narrativa?

—Evidentemente sí, pero hay que saber por qué es nueva, cuáles son sus alcances, en qué se diferencia de la vieja. Algunos no saben en qué consiste que sea nueva porque no conocen la inmediatamente anterior ni la antigua. Hay una manera contemporánea de narrar, de decir las cosas. absolutamente diferente de la que usaron nuestros abuelos, ignorantes de Freud, de la televisión, de Joyce, de las dos guerras mundiales, de la barbarie norteamericana en Vietnam. También esto hay que recordarlo en los talleres. Algunos aspirantes a narradores no se han dado cuenta de que viven ya en otro mundo y siguen contando sus respuestas a la vida como se hacía en el siglo XIX. Aunque la buena literatura es siempre la misma y dice siempre lo mismo cuando refleja la situación íntima del individuo (para el cual fue igualmente horrible morir en Lepanto que en Verdún), tengo la impresión de que hay algo que sí cambia, y de que una vez en el papel, de un siglo a otro, las lágrimas de Espronceda no pueden ser las mismas que las de Vallejo.

—¿No que todo era igual siempre?

—Así es. Pero cada época tiene su estilo. Yo no sé si el estilo de la nuestra es bueno; pero sí que el aspirante a escritor haría bien en buscar el tono de nuestros días, y contar las cosas de acuerdo con ese tono.

—¿Se tendría entonces que estar al día en cuanto se produce hoy?

—No necesariamente; a ser contemporáneo se aprende también leyendo a los clásicos de cada época.

—Pasando a otra cosa, ¿la autocrítica no convierte en críticos a los asistentes a los talleres?

—No lo creo. Pero en todo caso, eso sería muy bueno. Nos hacen falta críticos. El artista puede dividirse y ser creador y crítico a la vez. El ejemplo clásico de nuestra época podría ser Eliot. Un poco más atrás James.

—¿Sabes decir «no»?

—No.

—¿Tú miras la literatura como catarsis?

—Miro la literatura como un juego. En este momento no tengo muy claro el concepto de catarsis, pero si es lo que me imagino, no. Podría ser catártica para otros, y está bien. Si es buena no importa cuál sea su origen, o su fin. La literatura como purgante estaba bien para los griegos, que tenían tiempo para ir al teatro y pensar. Hoy la gente se ríe de esas pretensiones.

—¿Qué opinas del psicoanálisis?

—Igual que de cualquier otro método para aprender a manejar cualquier máquina. Si tu maestro es bueno y tú tienes el talento necesario aprenderás por lo menos a no desbarrancarte.

—¿La vanidad y el egoísmo podrán ser modificados con un cambio de sistema y cuál podría ser este sistema?

—La vanidad y el egoísmo son cosas tan personales que no creo que vaya a haber nunca un sistema que pueda modificarlos. El egoísmo quizá pueda atenuarse en una sociedad más justa o más orientada al bien común. Por lo que se refiere a la vanidad, creo que es más buena que mala. Tal vez las más grandes cosas que ha realizado el hombre han sido hechas por vanidad.

—¿Cuál es, a tu juicio, tu mayor locura?

—¿Qué quieres decir con locura? ¿Algo que haces a pesar tuyo? Pues bien, perder el tiempo; pero esto lo aprende uno cuando ya lo ha perdido casi todo. Otra es ser demasiado indulgente conmigo mismo, otra, bueno, otras...

—¿Cuál es la locura de la humanidad?

—La autodestrucción, individual y colectiva.

—En tus decisiones personales, ¿tomas en cuenta la realidad objetiva?

—Me encantaría saber cuál es la realidad objetiva. Creo que uno siempre actúa sobre supuestos. La realidad objetiva, si vamos a la literatura, carece de interés. Descubrir América fue interesante, descubrir mediterráneos es interesante; llegar a la luna no lo fue. Había ahí demasiada realidad objetiva.

—¿Cuál fue la edad más feliz de tu vida? ¿Por qué?

—Puedo decir cuáles fueron las más desdichadas. Lo otro resulta cursi.

—¿Cómo te las arreglas con el surrealismo mexicano?

—En su forma chistosa, todos los países son surrealistas; lo único verdaderamente *super* real de México es la desigualdad social, la miseria en que vive la inmensa mayoría de los mexicanos. Eso es *surreal, super* real.

—¿Cuál es tu versión de la conquista de América indígena y de los resultados?

—Los resultados de la Conquista todavía están por verse. Basta observar la miseria en que viven nuestros indígenas para darse cuenta de que la conquista no ha ni siquiera empezado. Ya se sabe que los conquistadores griegos conquistaron en realidad a sus conquistadores romanos. Nosotros todavía no hemos sido lo suficientemente listos como para conquistar a los españoles.

—¿Qué opinas de la mujer como escritora?

—Lo mismo que del hombre como escritor. Si aprenden el oficio, y tienen algo que decir, y lo dicen bien, está bien.

—¿La literatura es mentira?

—La literatura es literatura, un objeto. Cualquier objeto es mentira si eres idealista o verdad si eres materialista. Que la literatura se haga con verdades y mentiras, o realidades e imaginaciones, ya es otra cosa, y generalmente es con todo eso con lo que se hace.

—Tu obra en general se podría llevar a la imagen, ¿te gustaría verla en cine?

—Me daría igual. Sin embargo, algo se ha hecho ya, para el teatro y en cine de dibujos animados. Eduardo Lizalde ha adaptado y tiene listo el cuento «Sinfonía concluida» para un largometraje.

—Tu parte pesimista, escéptica de la vida, ¿qué te la produce?

—Leer libros de historia.

—¿Cuáles son tus mayores estímulos?

—¿Para escribir? Ya te lo dije: ver mi nombre en el periódico, y que algún amigo se moleste al verlo. Sé que se trata de un regocijo maligno, pero así es.

—Tú como nadie has descrito en tus cuentos el bloqueo de quien quiere escribir, y aunque vive ese mundo no lo puede canalizar. ¿Te inspira piedad esa imposibilidad en el hombre?

—Pues sí. Es penoso ver sufrir a alguien en el empeño de hacer algo que de no ser hecho a nadie le importaría.

—¿Cuál fue la lectura o cuáles fueron las que más te impresionaron en la vida?

—¿No hablamos ya de eso? ¿Creo que han sido tres cosas: una tira diaria sobre los viajes de Vasco de Gama, que leía en un periódico cuando niño; de adolescente, el cuento «Adiós, Cordera», de Leopoldo Alas, y, ya adulto, el monólogo de Molly Bloom.

—¿Cuáles escritores consideras fundamentales?

—Para mí lo han sido Cervantes y Montaigne.

—¿Cuáles influyeron más en tu obra de creación?

—En esta han influido tantos que no podría ni recordarlo, Chejov (su teatro), *El Lazarillo de Tormes,* no sé, son muchos.

—¿Cómo recibes una influencia? ¿Por voluntad? ¿Por afinidad?

—Creo que al principio por afinidad. Después hay una irresistible propensión a pensar y escribir como alguien y a robarse sus ideas o estilo, hasta que se aprende a hacerlo en forma tal que los demás crean que uno tiene influencias de otros, a quienes uno tal vez ni admira tanto. Todos los escritores son ladrones, unos más finos que otros. Naturalmente, los que no lo son los escritores pobres.

—¿Escribes «bajo» determinada disposición de ánimo? ¿Sólo bajo esa disposición? ¿Cuál es?

—No lo sé. Uno pasa por tantas disposiciones de ánimo, que esperar alguna disposición especial sería condenarse un poco a ese azar. Creo que habría que aprovecharlas todas.

—¿Usas estimulantes?

—No. Lo más que he llegado a usar es el alcohol, pero el alcohol tiene muchos inconvenientes si uno no sabe cómo usarlo. Cuando comenzaba a escribir me embotaba; con el tiempo aprendí a usarlo, pero entonces se me pasaba la mano, me emborrachaba, y ya no escribía; pero como te envalentona, sí lo he usado bastante para tachar, borrar y tirar. Finalmente renuncié a él para cualquiera de las dos cosas.

—¿Tienes algún libro en proceso?

—Sí; varios, pero sólo en la cabeza.

—Sobre tus personajes, ¿se quiere lucir la esposa de Eduardo Torres? Definición de la mujer del intelectual.

—Para imaginar lo que estas sufren basta pensar lo que sentiría un *hombre* casado con mujer intelectual.

—¿Cuál es el discurso que Augusto Monterroso se calló dentro de sí y cuál fue el que no debió haber dicho? ¿Y cuál el que sí debió haber dicho y no ha dicho?

—*1)* Dentro de mí mismo tal vez me he callado toda la verdad, pero me consuela la idea de que el hombre necesita un mínimo de autoengaño para sobrevivir; *2)* no debí haber dicho, no debería decir nada que critique y condene en los demás, que no critique y condene antes en mí mismo. En realidad siento mucha compasión por todos, ricos y pobres, inteligentes y necios. El ser humano es por naturaleza desdichado; cualquier momento de felicidad es siempre producto de un esfuerzo, negativo o positivo, sobre uno mismo. Pero la mayoría de esos esfuerzos se malogra porque la gente aprende demasiado tarde no *lo que quiere,* sino lo que *hubiera querido.*

—¿Qué piensas de la censura?

—Creo que uno no debe gastar tiempo ni energías atacándola o lamentándose de que la censura esté allí, sino burlándola con inteligencia. Muchos escritores se benefician incluso con la censura porque pueden hacerse la ilusión de que por culpa de esta no manifiestan sus ideas. Si no hubiera censura se encontrarían con que tampoco tenían ideas que expresar.

—¿En México hay censura?

—No lo sé. A mí no me ha tocado.

—¿Y en Guatemala?

—Allí la censura consiste en un balazo.

1980

# Que el autor desaparezca

ELDA PERALTA. ¿Cómo definiría, en lo literario y, quizá, en su intención política, la obra de Augusto Monterroso?

AUGUSTO MONTERROSO. La respuesta a su pregunta es muy difícil. En general encuentro siempre difícil dar respuestas para ser publicadas, pues, o tiendo a bromear, y entonces quedo como frívolo, o me pongo serio y quedo como tonto. La entrevista es el único género literario que nuestra época ha inventado. Visto así, como género, lo mejor sería, bueno, lo mejor sería no ser entrevistado. Pues bien, volviendo a su pregunta, mis intenciones son tan sólo artísticas. Cuando escribo, lo único que deseo, de inmediato, es lograr algo literario. Si aparte de eso algún lector quiere encontrar algo más que se desprenda del texto, ya es pura ganancia. En definitiva, si en un texto mío hay algo relacionado con política, mi ideal sería que se le juzgara por su valor literario, si es que lo tiene y no por otra cosa.

—En la época en que vivimos, ¿cuál es la función que cumple, o que sigue cumpliendo, lo que llamamos la literatura?

—Ocupar la mente. Manejar el mundo de la imaginación. Alimentar esta necesidad inherente a todo ser humano. Expresar lo que otros no pueden expresar. Hacer ver a otros lo que no han sido capaces de ver, por distracción, por pereza o por miedo. En esta y en todas las épocas. Para la literatura no hay épocas sino seres humanos en conflicto consigo mismos o con los demás. Perdóneme si parezco enfático. Lo único que quiero en realidad es salir pronto de esta pregunta.

—De haberla, ¿cuál diría usted que es la constante principal de su obra?

—Me he ido dando cuenta de que mi tema principal ha sido el de la inseguridad ante lo que se es o se hace, de donde el deseo de cambiar, o de ser otro, o de otro modo. Otra constante podría ser un perfeccionismo que no se note; el afán de que el autor desaparezca, o de que se note lo menos posible su presencia. Se me señala cierta predilección por los seres fracasados.

—Y hablando de inseguridad, ¿con el tiempo, un escritor no *aprende* a escribir sin temor?

—Cuando se aprende a escribir sin titubeos ya no se tiene nada que decir; nada que valga la pena. La inseguridad y la duda son molestas, pero no son malas.

—¿Sustenta Monterroso el hombre, el ciudadano, una determinada ideología política así no la exprese públicamente? ¿Cuál sería esta...?

—Sí; soy «rojillo». Espero y me gustaría ver un mundo socialista. El socialismo es mi ideal político y admiro a los países en que el socialismo trata de implantarse, como deseo que algún día lo sean El Salvador y Guatemala.

—Así como en su obra abundan las agudezas del fino humor a la Monterroso escasean, en cambio, los matices explicitados de la preocupación política. ¿Significa ello que a Monterroso no le interesa la Política como tema literario?

—Claro que me interesa, y respeto mucho a los autores con carga política. Mis cuentos más conocidos y antologados, «Mr. Taylor» y «Primera Dama», son políticos de principio a fin. Lo que ocurre es que estoy convencido de que si uno pone demasiada política en lo que escribe corre el riesgo de volverse popular durante un tiempo entre los jóvenes, lo que implica el riesgo adicional de creer que ese es el único camino de la literatura.

—En sus palabras, ¿qué influye en el ánimo del latinoamericano —sea político, artista, escritor, funcionario— para ser, o aparentar ser, solemne?

—La tontería, de uno mismo y del que lo acepta.

—Conscientemente o no, ¿se ha propuesto Monterroso, con sus prosas irreverentes, «desacralizar» la solemnidad a nuestra manera?...

—Será algo inconsciente porque en realidad no me preocupa, aparte de que no creo que sea un rasgo nuestro. La tontería es universal.

—¿Qué representa, en el texto y en el contexto de esa obra, su evidente, celebrada, carga de humor?

—Representa una especie de vigilancia para no caer en la tremenda idea de que la literatura es algo serio. Por cierto, ese humor no aparece en todo lo que escribo. Su pregunta me hace preguntarme a mi vez si en cuentos como «Homenaje a Masoch» u «Obras Completas» o «Rosa tierno» hay tal carga. No puedo negar que en muchos de mis cuentos hay humor, pero observo que con frecuencia eso ha contaminado el resto a los ojos de ciertos lectores.

—A su parecer, ¿por qué el humor aparece tan rara y escasamente en la literatura de expresión castellana contemporánea?

—La verdad es que no conozco mucho la literatura actual como para contestar su pregunta. Supongo que la dosis de humor que hay en la nuestra probablemente haya sido la misma en todas las épocas. Ninguna literatura sobrevive sin humor. ¿Pero por qué son tan buenas novelas *Rayuela* y *Cien años de soledad* si no es por su gran dosis de humor? En la literatura en español no puedo dejar de pensar en el humor de Antonio Machado. Cuando se habla de *Juan de Mairena*, que es su mejor libro y sin duda uno de los más perdurables de toda su generación, es siempre para citar algo divertido. Y sin embargo, es una obra inquietante y profunda, si bien Machado fue lo suficientemente hábil y disimuló esto lo mejor que pudo.

—¿A qué atribuir que los notables escritores que nos hacen sonreír —entre los que Monterroso ocupa un lugar señero— son, en términos generales, personas retraídas, tímidas, muy serias?

—Si uno es amigo de ver el lado ridículo de las personas debe suponer con razón que los otros hacen lo mismo con uno. Así, lo mejor es esconderse, o ponerse muy serio, o fingir que uno es tímido.

—Casi todos los grandes creadores de humor (escritores, comediantes) han sido, son, personas de talla modesta. ¿Podría hablarse, con sentido del humor, de que existe una relación entre el género que cultivan y su desarrollo corporal?

—Entre nosotros la mayoría de las personas son de talla modesta. Cuando alguien destaca, inmediatamente aspira a la

Presidencia. Yo creo que incluso personas anormalmente bajas han exagerado la modestia de mi estatura, aparte de que, como dijo Eduardo Torres en San Blas: «Los enanos tienen una especie de sexto sentido que les permite reconocerse a primera vista». Hay un texto mío en *Movimiento perpetuo* que trata precisamente ese tema: «Estatura y poesía». Justamente el modo suave de tratarlo hace que los lectores se rían sin que se den cuenta de que ese pequeño ensayo está enfocado a señalar el drama que los grandes poetas Pope y Leopardi vivieron debido en gran parte a su escasa estatura. Pero, ¿qué le vamos a hacer? Los lectores son distraídos y yo no me voy a dedicar a señalarles en dónde está lo serio y en dónde lo risueño.

—Por su brevedad, ¿los textos de Monterroso podrían ser considerados —en el momento de idearlos— como fenómenos de inspiración comparable al del poema porque se les concibe instantáneamente como un todo?

—Así es.

—A pesar de que Augusto Monterroso guarda siempre una cierta «distancia» con respecto a sus personajes, amigos y lectores dicen, creen, suponen que él es todos sus personajes. ¿Su comentario?

—En términos generales, no; pero si un autor es sincero consigo mismo termina por saber que sí. Supremo valor por alcanzar: expresar a todos a través de uno mismo.

—¿Cómo explicar que un género tan antiguo, tan eficaz como es la fábula, tenga en nuestro tiempo tan escasos cultivadores y, en México, sólo uno: Monterroso?

—En México ha habido y hay otros, entre ellos mi amigo René Avilés Fabila y el admirable don Francisco Monterde.

—¿De qué autores del pasado reconoce usted haber recibido influencia literaria o moral? (o del presente).

—Literaria, de Cervantes, de Montaigne y de Swift. En cuanto a lo moral, francamente no sé qué decir. Tal vez de mi tío favorito, que era monedero falso y tuvo que dejar este oficio cuando descubrió que cada peso que hacía circular con grandes trabajos le había costado un peso cincuenta.

—Un escritor que ha alcanzado el grado de madurez que en usted se reconoce, ¿sigue estando expuesto a beneficiarse —o a padecer— influencias ajenas?

—Creo que sí, y hasta habría que buscarlas. Siempre puede surgir alguien de quien se pueda aprender. Lo de las influencias es muy complicado. Hay una época en que entre más lee uno más influencias busca, más papás busca. Uno quiere guías pero los guías se cansan o uno se cansa de ellos en cualquier parada, o uno se da cuenta de que no eran buenos y de que más vale seguir solo, si uno se atreve.

—En *Lo demás es silencio* la acción está centrada en la figura del filósofo de San Blas, Eduardo Torres. En prácticamente el resto de su producción anterior los textos rara vez tenían relación entre sí. ¿Significa ello que Monterroso se ensaya para intentar relatos de mayor extensión, menos fragmentarios aunque igualmente deliciosos?

—Gracias; pero no. Lo que me gustaría hacer ahora es periodismo; bueno, escribir artículos para periódicos, que la gente lee con gusto sin exigirles tanto como se les exige a los libros. Esto sería estar en una buena tradición guatemalteca. Mis paisanos José Milla, el siglo pasado, y Enrique Gómez Carrillo a principios de este, escribieron artículos de periódico que han resistido el paso del tiempo más que sus novelas. Me gustaría señalar que en este campo Roland Barthes podría aspirar a ser el Gómez Carrillo francés.

—Sus ficciones, para desencanto e irritación de quienes gustan de ellas, son breves y escasas. ¿Es deliberadamente limitada su producción? ¿Se siente usted mejor trabajando en textos de dimensión más bien reducida? ¿Considera que todo puede ser dicho, en particular lo importante, con un mínimo de palabras?

—No me siento ni mejor ni peor. Uno hace lo que puede sea esto largo o breve, copioso o escaso. Lo malo es que nadie sabe lo que puede mientras no lo intenta. Por eso la necesidad que algunos tienen de estar probando sus fuerzas. Es el riesgo personal de cada uno. Debo añadir que estoy convencido de que ningún buen autor está seguro de haber acertado. De ahí la excesiva timidez o el excesivo deseo de reconocimiento y aplauso. Todos buscamos ese reconocimiento, no necesariamente por vanidad sino por inseguridad.

—Su preferencia por la brevedad, ¿podría atribuirse a que el humor, el chispazo, la ironía (por su instantaneidad) se expresan más adecuadamente en un texto de limitada dimensión (la fábula, el minicuento, el *oneliner*) que en trabajos mayores?

—Mi preferencia por la brevedad se debe únicamente a pereza y a la idea de que entre más largo y más abundante escriba los lectores me leerán menos. Yo quisiera escribir mucho todos los días, pero el sentimiento de la inutilidad o de la inferioridad ante lo que debe de estar haciendo mi vecino me lo impiden. Un psiquiatra me dijo hace años que yo temía superar a mi padre.

—Algún agudo lector de la obra de Monterroso opina que un personaje suyo, Eduardo Torres, es más real, tangible y verdadero que su creador. Esta opinión, ¿merece su comentario?

—¿Qué más quisiera yo? Uno debería ser borrado por sus personajes, de quienes uno apenas estuvo al servicio. Gulliver rebasa a Swift y Otelo a Shakespeare. En cambio, Leopoldo Bloom no ha podido hacer que Joyce permanezca tras la cortina. Lo mismo sucede con Kafka: sus personajes le sirven más a él que él a ellos. El más sabio ha sido Cervantes al esconderse tras otro nombre para contar la historia de don Quijote, incluso al grado de que se ha llegado a considerarlo un idiota al lado de su personaje.

—Eduardo Torres (un gran personaje entre otros monterrosianos, como Mr. Taylor) ha merecido que se escriban libros, ensayos, artículos y poemas sobre él. ¿Ha llegado el día en que especialistas —nacionales o extranjeros— se ocupen de analizar, en todos sus niveles, la obra de Augusto Monterroso?

—Sí; ya ha llegado. En la Universidad de Columbia el profesor Wilfrido H. Corral prepara un libro sobre eso. Se trata de una interpretación general y pormenorizada. El libro aparecerá en 1981[1].

—¿Cómo explicar que lectores, supuestamente inteligentes, consideren de calidad inferior, por el hecho de serlo, a la literatura de humor?

—No han leído a Aristófanes, a Horacio, a Juvenal, al Arcipreste de Hita, el *Lazarillo de Tormes,* a Cervantes, a Quevedo, a Swift, a Shakespeare, a Rabelais, a Flaubert, a Gógol, a Diderot, a Beaumarchais, a Santa Teresa, a Machado, a Valle-Inclán, a Joyce, a Kafka, a Eduardo Torres o a Borges.

---

1. Wilfrido H. Corral, *Lector, sociedad y género en Monterroso,* Centro de Investigaciones Lingüístico-Literarias, Instituto de Investigaciones Humanísticas, Universidad Veracruzana, Xalapa, México, 1985.

—De ser un escritor rigurosamente profesional (eso es: uno que viviera exclusivamente de su producción literaria) ¿podría Monterroso producir tan morosa, y amorosamente, los textos que hoy produce tan avaramente?

—No, desde luego que no; si fuera escritor profesional moriría seguramente de hambre.

1981

# La insondable tontería humana

Rafael Humberto Moreno-Durán. No le recomiendas (ni le deseas) a nadie el hecho de ser autodidacta. ¿No crees que la lastimada sensibilidad del autodidacta obedece en el fondo a la constatación de una falta de método, de ese método que al decir de Polonio debe existir incluso en la locura? ¿Cómo has resuelto el bache del autodidactismo en tu obra?

Augusto Monterroso. ¿No hay más escritores autodidactos que de los otros? En cuanto a mí, hubo un tiempo en que ser autodidacto me asustó; pero ahora estoy convencido de que el *Tratado de Derecho Romano* que leí en mi adolescencia por puro gusto me ha sido más útil en la vida y como escritor que a muchos abogados, el *Nuevo Testamento* que a muchos curas, y el *Manifiesto comunista* que a muchos sociólogos profesionales. Aunque sospecho que en las carreras oficiales esas tres lecturas fundamentales para entender el mundo en que vivimos son oscurecidas por cantidad de cosas inútiles, sigo pensando que toda la gente debería pasar por una universidad o su semejante.

—Tus textos, muy personales y sometidos a una dinámica propia (extensión de la fábula, concreción del aforismo, eficacia del palindroma, etc.), ¿no implican ya un territorio parcelizado para tus particulares fines, una zona de lógica que justifica *metódicamente* tu obra?

—No; no lo creo. A mí me gusta pensar más bien que soy libre, y en la posibilidad de escribir cualquier cosa, incluso una novela como *El Conde de Montecristo.* Amo y odio la brevedad, los moldes. Si pudiera escribiría siempre cosas muy largas, y de hecho yo no me he circunscrito a aforismos o a fábulas. He escrito ensayos largos que no están recogidos en libro, y cuentos más largos y una novela en que se retratan varios personajes y toda una sociedad. Sin embargo, a los críticos, siempre distraídos, les es más cómodo leerme a la carrera y dar la idea de que siempre escribo cosas de una línea como «El dinosaurio». En todo caso, me aterroriza la idea de que la tontería acecha siempre a cualquier autor después de cuatro páginas.

—Permíteme insistir sobre este asunto. Construir una obra apoyándose en el humor, con rigurosos elementos intelectuales, como es tu caso, ¿no implica la instauración del método en el espacio de la creación, un espacio por lo demás refinado y sugerente?

—Bueno, tampoco puedo aceptar esas dos premisas. Volvemos un poco a lo mismo. Sencillamente, yo no creo haber construido una obra apoyándome en el humor ni mucho menos sobre la base de rigurosos elementos intelectuales. Esto no sólo me dificulta la respuesta sino que me aflige. Siempre he rechazado la idea de que soy un humorista y de que lo que escribo pretende hacer reír. Sostengo que simplemente soy realista. Ahora bien, si la realidad monda y lironda, o vista un poco al sesgo como en el *Quijote;* si el espectáculo humano, puesto así, tal como es, a algunos les produce risa, eso es otra cosa, y a veces toma tiempo darse cuenta de que es más bien como para llorar.

En cuanto a los rigurosos elementos intelectuales, francamente yo no los veo. Por lo general me dejo llevar por el absurdo, lo ilógico; y para mí el *summum* de lo intelectual es la lógica.

—A veces pienso que el intelectual que hay en ti —aunque lo disfraces de zorro, jirafa o bestia menos honorable— hace de la humildad una coartada que, entre bromas e ideas, exhibe sin que te lo propongas una enorme dimensión humana.

—No creo haber escrito nada, ni una sola línea, que no nazca del sentimiento, principalmente el de la compasión. La inteligencia no me interesa mucho. El hombre, tan fallido en su capacidad organizativa, en su capacidad de comprensión, me da lástima, yo me doy lástima. Pero siento que hay que ocultarlo y por eso muchos de mis personajes están disfrazados de moscas, perros, jirafas o simples aspirantes a escritores. ¿Qué he hecho para que mis dos o tres lectores supongan que pretendo ser intelectual y que he dedicado mi vida a burlarme de ellos o de los demás cuando en realidad lo que me producen es una profunda simpatía y los amo?

—¿No crees que es la *hilaritas* lo que les brinda universalidad y aceptación a tus temas y que de ahí pueda provenir ese malentendido?

—Yo creo que sí. Pero insisto: la mayoría de las veces la compasión, la ternura, son pudorosas. De ahí que en muchas ocasiones prefieras reírte, o hacer como que ríes en vez de adoptar la actitud mesiánica de un personaje de Dostoyevski e hincarte ante tu vecino y pedirle perdón por quererlo tanto.

—Siempre propugnaste una distinción entre *ironía y sátira,* sobre todo cuando tales conceptos se aplicaban a tu obra. Es evidente que lo tuyo es la sátira, o que, por lo menos, ahí estás en tu ambiente. La ironía, en cambio, entroniza un *pathos* y pretende ser la forma aristocrática del humor: un humor desenmascarado y elegante sólo para la élite.

—La ironía que adquiere conciencia de sí misma me ha parecido siempre repugnante. Adoptar un tono irónico es tonto y, por lo mismo, fácil. La ironía usada como sistema de principio a fin echa a perder cualquier escrito. Se es irónico como se es sentimental, llorón o alegre: de manera glandular, y cuando serlo resulta oportuno. Otra cosa, yo creo que precisamente sin proponérselo el pueblo es siempre mucho más irónico que esa élite.

—La sátira, en cambio, puede ser incluso popular aunque camufla sus ataques. De todas formas, yo creo que tu sátira tiene buenos modales. Lawrence decía que la sátira es una forma de simpatía, ¿no crees que esta es una de las razones por las cuales tu obra goza de una acogida casi inmediata, aun por aquellos que, contra lo que tú dices, apostamos por la ironía?

—En cuanto a esto, tengo la impresión de que la buena narrativa tiende por lo general a la sátira. En el fondo de todo buen novelista o cuentista hay alguien con un látigo; cuando no es así la gente se aburre. A la gente le gusta que le peguen, y por eso, aparte esa función, la sátira no sirve para nada, ni cambia nada y se vuelve humorística y digestiva y a los niños hasta los obligan en la escuela a leer a Quevedo, cuando en realidad debería ser prohibido para que recuperara su sabor. Un escritor satírico se cree muy listo, pero la sociedad siempre le gana premiándolo en alguna forma.

—Y ya que estamos en el peligroso terreno de la definición, ¿qué opinas de la naturaleza de tus textos? Tus cuentos son muy peculiares, reacios a caer bajo cualquier nomenclatura, híbridos de fábula, aforismo y meditación con moraleja incluida.

—Pienso que soy el menos indicado para hablar de esto, por pudor y porque en realidad no sé qué responder. Yo he hecho mis cuentos como he podido y la verdad es que creo que ellos han tomado la forma que les convenía. Es como cuando cuentas algo de sobremesa. Uno trata de hacerlo lo mejor que puede y a veces sale bien y a veces no. Cuando escribo, no sé qué rumbos tomará la historia, pero una vez que sale trabajo en ella hasta dejarla sin sobrantes o elementos innecesarios. En cuanto a las definiciones, no me importan mucho: si mis cuentos parecen ensayos, está bien; lo mismo si son cortos o largos o lo que sea. No quiero adoptar una forma que me sirva siempre, ni un estilo, ni un modo. Lo único que me interesa es dar yo por bueno lo que escribo.

—*Lo demás es silencio,* tu única novela hasta la fecha, ¿no participa de esa naturaleza proteica, contraria a las convenciones del género?

—Con mi novela *Lo demás es silencio* ocurre lo mismo. Uní partes disímiles (como un cuerpo humano está formado por partes disímiles) y hasta contradictorias para formar un todo armonioso o por lo menos coherente. Y así, lo que parece proteico, lo es; pero como lo es todo organismo vivo. Y yo pretendo que mi novela sea un organismo vivo, que se mueva, que se pueda ver en conjunto como un paisaje, y, de otro modo, hasta con un microscopio para observar moverse sus incontables partes, porque cada frase y cada palabra y cada coma tienen una intención y están allí por algo.

—No sé por qué pero siempre me pareció encontrar cierta filiación entre «El dinosaurio» y «El salto cualitativo», de *Lo demás es silencio.* ¿Qué opinas de esto?

—No lo había notado. Siempre se me pide explicar lo que quise decir con cada uno, pero me he propuesto no hacerlo. De esta manera los estudiantes pueden soltar su imaginación cuando se los dejan de tarea, y sus profesores decirles: «Está bien».

—En tu obra siempre se ha entrevisto la presencia de la fábula clásica (Esopo, La Fontaine, Samaniego, Iriarte, etcétera) aunque rara vez se ha hablado de algo a mi juicio tanto o más importante aún que esa tradición, y es el *bestiario* (Plinio, Fournival, Llull, Borges, Arreola). ¿Qué le debe tu obra a esa forma tan frecuente en la literatura de todos los tiempos?

—Creo que nada. Mis animales son puros pretextos para hablar de la gente y sus aspiraciones y derrotas. Nunca describo un animal, pues todos los que aparecen en mis fábulas son enteramente familiares. En los bestiarios de que hablas la descripción del animal es fundamental y, sobre todo, lo que tiene de edificante y de raro y de ominoso o maligno. En cambio, mis animales son todos como mi vecino, buenas gentes.

—Eso es lo que tú piensas. Un personaje habitual de tus fábulas es el mono, que ilustra también la iconografía arquetípica de los bestiarios. ¿A qué crees obedece su constante y ya proverbial vinculación con la escritura? Tu «mono que quiso ser escritor satírico» (de *La Oveja negra*) nada tiene que envidiarle al «mono de la tienda» de Borges o al «mono gramático» de Paz. Al «mono que piensa en ese tema» *(La Oveja negra)* también «le dio por la literatura». ¿Por qué?

—Yo ya no sé si el mono imita al hombre o el hombre al mono. En todo caso por algo será que es más fácil imaginar a un mono escribiendo que a un elefante. Y sin embargo, es clásico también el burro que escribe; aunque aquí la connotación satírica es muy burda. Yo tengo un zorro escritor, un cerdo poeta, y el que más me gusta de todos: una pulga insomne a la que le gustaría ser como Cervantes, pero sin los inconvenientes de la pobreza. Volviendo al mono, recordaré lo que decía un amigo de Eduardo Torres: «Darwin debió proponer que el hombre descendería algún día del mono, y no que ya había descendido; pero como buen hombre de ciencia se hacía ilusiones. Algunos escritores saben que Darwin sólo estaba equivocado en cuanto a la época del descenso, y esto los hace humildes y miran con nostalgia y envidia a los demás animales, cuyo destino como especie termina en ellos mismos. Ese mono aspirante a escritor satírico abandona su pretensión crítica y busca en el amor y la mística la posibilidad de humanizarse».

—Veo más próximo tu estilo y su carga satírica a escritores como Lichtenberg o Swift que a esos otros cuya presencia invocas —Samuel Pepys y Boswell— y cuya mayor vinculación con los primeros es su carácter dieciochesco. ¿Es una coartada u otra de tus *boutades*?

—Admiro a Pepys y a Boswell, como los admira todo el mundo. A Lichtenberg no lo conozco, pero Swift en sus *Viajes* lleva precisamente la sátira hasta donde nadie había llegado antes de él, tan a fondo como en su señalamiento de la insondable tontería humana. A su lado Pepys es un niño inocente.

—En Boswell y Pepys la ingenuidad delata la realidad (y tú no eres nada ingenuo, sino todo lo contrario). Pepys, por ejemplo, es tan fiel a la realidad que vive que ni siquiera se da cuenta que esta lo delata hasta el ridículo como cuando describe los hábitos higiénicos, a los que era poco afecto (no se bañaba ni en verano; pulgas, piojos y otros bichos en la ropa, etc.), o su tacañería. O Boswell cuando narra sus meteduras de pata y los regaños del doctor Johnson, ante el cual queda siempre como un imbécil. Claro está que gracias a esa falta de pudor para con ellos mismos Pepys y Boswell nos ofrecen una visión de la realidad que se engrandece a la postre. Pero la pregunta es, ¿qué le debes a estos autores para que los cites con admiración?

—A Pepys nada; sólo me inspira curiosidad. En cuanto a Boswell, nada menos que lo que le debemos todos: la *Vida de Johnson,* y en cierto momento ya no sabes a quién querer o admirar más, al sabio o al aparente imbécil. Pero hay algo que me gustaría saber, ya que me lo preguntas: ¿Por qué dices que yo no soy ingenuo?

—No eres ingenuo en la medida en que no eres inocente —puesto que inocencia es ignorancia— y esto en literatura tiene una importancia fundamental. No eres ingenuo en el sentido de que tu literatura es un auténtico campo de minas y de que la más aparente de tus bromas es una bomba de tiempo.

—«Ingenuidad» suele equipararse con «tontería»; lo mismo que «candidez». Yo creo que no hay tal y procuro siempre ser cándido e ingenuo al contestar una pregunta. Lo que sucede es que la verdad, o lo que uno piensa ser la verdad, tiene, en primer lugar, una fuerza tremenda; y, en segundo, es precisamente lo que nadie cree; de manera que si uno dice con sinceridad algo que lo hace parecer inocente la reacción es: «Me quiere tomar el pelo». Pepys y Boswell, desde luego más Pepys, son hombres que se han desnudado verdaderamente, si bien Pepys lo hizo en la oscuridad de su diario, que jamás imaginó que se publicaría. Pienso también en Montaigne, pero en él siempre hay algo de coquetería, cosa esta última que difícilmente puede decirse de Pepys o Boswell.

—«Los que se jactan de ser autodidactos son tontos», dijiste una vez a propósito de Moravia. La figura del autodidacta aparece en varios textos tuyos, aunque nunca de forma tan tremenda como en «Leopoldo (sus trabajos)», de *Obras completas (y otros cuentos),* muy próximo al autodidacta de *La náusea.* ¿Qué relación ves entre una y otra figura?

—Nunca leí *La náusea;* pero el problema de Leopoldo no es el del autodidactismo sino el de la indecisión, o más bien el de la posposición por el temor al error, a equivocarse.

—¿Qué persigues con *boutades* que a veces se precipitan en la provocación, como ocurre en el epígrafe de *Lo demás es silencio,* que de la frase postrera de Hamlet pasa a formar parte de *La tempestad*? Muchos de los datos de Torres respecto a Cervantes van por el mismo camino...

—Más que de una *boutade* se trata de una maldad que no pude evitar y de la que a veces me arrepiento.

Puse a prueba los conocimientos del lector. Pero desde que el libro se publicó por primera vez hasta hoy, veo que también puse a prueba los de los críticos, que pasan por esa y otras cosas con la inocencia de quien camina sobre las aguas. Algunos se han referido al título como que sí, como que se trata de algo tomado de *La tempestad*. Sospechando que eso podía suceder, al final el propio Eduardo Torres hace alusión a esa broma y habla de un encuentro de Próspero y Hamlet. Pero ni así.

—Eso nos llevaría al tema de las alusiones literarias.

—Exacto. En *Lo demás es silencio* hay tantas y a veces están tan disimuladas que yo ya me resigné a que ni se perciban. De donde se pasa a otro tema que creo importante. Y es el de una doble narración, que a lo mejor es el mismo tema de los diferentes niveles de lectura.

—¿Una segunda gradación, una capa doble de significados, dos jerarquías de lectores?

—Sí; eso es. En el caso específico de *Lo demás es silencio* yo me propuse algo que no sé si logré: escribir una narración que pudiera ser entendida, no, no es esa la palabra: «disfrutada» es mejor; que pudiera ser disfrutada, primero, por un lector común medio, según lo que el texto dice literalmente; y, segundo, por otro, que hubiera leído los mismos libros que yo.

—¿Tu «lector ideal»?

—En cierta forma. Pero para mí cualquier lector es el lector ideal. Yo no soy un escritor para escritores ni para señoras ni para nadie específico; aunque es evidente que un escritor se da cuenta de qué trabajo implica escribir para todos los lectores. Cuando veo a quienquiera que sea hojear un libro mío en una librería lo observo como un animal de presa. Si se lleva el libro sé que no se me escapará.

—¿Hay alguna relación entre la descripción que hace la mujer de Eduardo Torres de su marido y la que Madame Teste hace del suyo?

—En la superficie sí. Pero es notorio que no se conocieron, ni siquiera por lecturas. Por otra parte, estoy seguro de que si se hubieran encontrado alguna vez personalmente, Carmela de Torres no hubiera soportado la tontería de Madame Teste ni que esta usurpara el lenguaje de su esposo Edmond. Madame Teste se limita a estar embobada por la figura de su marido; la señora de Torres no lo está, y por eso puede darnos un cuadro muy amplio y hasta cierto punto mordiente de la vida intelectual de San Blas, gracias a lo que el propio Eduardo Torres llamaba entre risas su «candor crítico».

—Frente al tema (más bien obsesión) común de *El Quijote,* ¿qué identifica o separa a Eduardo Torres con/de Menard?

—Los separa todo. Torres se acercó al *Quijote* con ingenuidad y vio lo que vio y así dijo lo que dijo. El alma de Torres era en ese momento pura y cristalina como las aguas de Nemoroso, y los árboles que se miraban en ellas no lo dejaban ver el bosque. El alma de Pierre Menard es enteramente diabólica y lo que refleja es perverso.

—Me consta que la ponencia de Torres es la que tú leíste no en San Blas sino en Canarias en un encuentro de escritores; ¿asumes todo lo dicho en *Lo demás es silencio (La vida y la obra de Eduardo Torres)* como tu credo personal? Torres, al fin y al cabo, también escribe sobre Monterroso...

—Luciano Zamora ha dicho con razón que no se sabe si Eduardo Torres es un espíritu chocarrero, un humorista, un sabio o un tonto; y es cierto. Así, efectivamente, yo asumo algunos de sus dichos o aforismos cuando me conviene. Se ha afirmado también que es muy difícil saber cuándo Torres dice esas cosas en cualquiera de esas calidades. Como la de Hamlet, que tú citabas hace un rato, en ocasiones su locura es deliberada, y cuando expresa «tonterías» no se sabe si son naturales o parodia de las tonterías que él lee en libros de crítica aparentemente inteligentes, sólo avalados, dice a veces en la cantina «El Fénix», por el desprestigio de la letra impresa o las «relaciones públicas» de esos sabios. Las tonterías dichas con solemnidad por muchos señores que «explican» la poesía se enseñan en las universidades; las de Torres son recibidas con risa, ¿por qué? Las tonterías son las mismas.

—¿Hay algo que hermane la selección de aforismos, refranes y apotegmas de la Parte Tercera de *Lo demás es silencio* con *El diccionario de tópicos,* de Flaubert, donde, por cierto, se recomienda no llevar a las señoritas ante la jaula del mono?

—Creo que no. *El Diccionario* es eso y Flaubert se divirtió reuniendo esos tópicos, algunos de los cuales perduran. Gran parte de los aforismos de Torres son involuntarios. Torres odia ese tipo de escritores que hoy escriben frases o pensamientos como se hacía en el siglo XVIII también francés, en que uno ve al autor, la barba en la mano, meditabundo, pensando en los veinte aforismos que se ha propuesto para esa mañana. Por eso su esposa no es muy justa con él al afirmar que «cuando no se le ocurre nada, escribe pensamientos», afirmación irónica e inconveniente que algunos críticos dudan que se le haya ocurrido a ella.

Creo que muchos de los llamados por el compilador «aforismos» de Torres pertenecen más bien al género «fragmentos» que, como dice el propio Torres, «se cultivaron mucho en la Antigüedad».

En cualquier caso, hay quienes prefieren sus impromptus en «El Fénix», y yo también.

—¿Crees, como la jirafa de *La Oveja negra,* que todo es relativo?

—A veces sí, a veces no; según.

—Acabas de ser extraordinariamente convincente. Dime una cosa, ¿por qué nunca se habla de tu primer libro, *El concierto y el eclipse*? ¿Qué ocurre? ¿Se trata de alguna nueva ficción tuya, como la editorial Endymion, de Saint Louis, Missouri?

—No; no es una ficción. Existió alguna vez en forma de *plaquette.* Hoy es inencontrable como tal, pero los cuentos que contiene están en mi verdadero primer libro *Obras completas (y otros cuentos).*

—Aunque parezca una tautología, ¿qué papel desempeñan las moscas en *Movimiento perpetuo*?

—Intencionalmente, al principio, el de un regalo para el lector. Pero los libros, ciertas partes de los libros adquieren a veces sentidos que uno no sospechaba. Y esa es su magia. Si algo en ellos despierta la imaginación de la gente, ese algo se convierte en parte importante. Esas moscas mías de autores tan diversos, puestas ahí para demostrar que son las representantes del Mal, más de lo que pudieran serlo las ballenas o los cuervos (animales que nadie conoce o por lo menos que nadie tiene en su casa), se convirtieron para muchos lectores en símbolo de movimiento, del perpetuo cambio, de la imperceptible transformación de todo lo viviente. Y la idea me gusta; es más sana.

—Por último, y descontando tu presencia en la eventual respuesta, ¿qué ha ocurrido en la literatura de tu país entre Gómez Carrillo y Cardoza y Aragón?

—Un premio Nobel. Y una gran transformación. Hoy los escritores jóvenes se van a la montaña en calidad de guerrilleros y muchos mueren allí y se convierten en símbolos de algo nuevo y esperanzado; o trabajan clandestinamente en las ciudades y sacrifican cualquier posibilidad de fama y por eso no los conocemos. Y por eso en Guatemala hay como un gran silencio literario.

Barcelona, 1982

# Veneros de la memoria

ANA MARÍA JARAMILLO. Por las entrevistas que te han hecho antes, creo que eres un escritor al que no le gusta hablar de sí mismo; y, sin embargo, es como si toda tu vida te hubieras preparado para escribir una autobiografía. ¿No es esto una contradicción o cuando menos una paradoja?

AUGUSTO MONTERROSO. No lo creo. A todos nos gusta hablar de nosotros mismos. Y claro que a mí también me gusta cuando se presenta la ocasión; pero algo de buenas maneras, o cierta timidez, me salvan de hacerlo mucho, o todo el tiempo.

—¿Cuándo decidiste vencer ese pudor, en qué momento determinaste ser tu propio personaje?

—Debo decir que hace un momento yo hablaba en calidad de entrevistado. Si pensamos en mi libro *Los buscadores de oro,* eso es obviamente otra cosa. Cuando se trata del relato de la propia infancia, ¿qué remedio queda sino hablar de uno mismo? Ahora bien, ¿por qué contar esa infancia?

Supongo que a todos los escritores nos da por hacerlo en algún momento de nuestra vida.

—Pero tú ya habías usado todos los artificios literarios para contar tu infancia a través de Luciano Zamora, en *Lo demás es silencio.*

—Si lo relatado ahí tiene o no que ver con mi infancia, o más precisamente con mi adolescencia, lo dejo a la decisión del lector. En *Los buscadores de oro,* hablo claramente de mí y de mis primeros años. Aborde el género memorioso como antes había elegido otros géneros para contar cosas.

—¿Ese impulso fue algo reciente?

—Empecé a escribir este libro en 1985, o tal vez en 1986, movido principalmente por mi gusto de probarme en diferentes géneros, y tal como lo he hecho a lo largo de los años: cuento, ensayo, diario, fábula, entrevista, etc.. ¿Por qué eludir antes el género autobiográfico? Por problemático, difícil e incluso doloroso. Si lo tomas verdaderamente en serio puede resultar desgarrador. Y lo peor es que esto no debe notarse en el producto final. ¿Qué lector lo soportaría? Es cierto que en cualquier género se debe tender siempre a la sinceridad; pero en este no puede haber engaños ni trucos: es la hora de la verdad.

—Vuelves a vivir tu vida: cosas agradables, cosas tristes. Siento la distancia, diría que es algo que ya habías procesado, lo tenías en la mano; que no te hacía daño ya, que ya no te hería; por eso me gustó mucho: tan suave, tan suelto que es como decir: «Ya lo entendí, lo puedo mirar con amor, con ternura, con desprendimiento, con distancia». Por eso mi pregunta: ¿es el resultado del lenguaje o del género; o fue porque pudiste regresar tranquilamente?

—No hubo en absoluto ninguna tranquilidad ni ninguna distancia. Si se sincero y se van a tocar recuerdos que uno ha llevado consigo durante años y años, y que quizá se han ido decantando hasta dejar sólo lo esencial, no puede haberlas. El trabajo literario ha hecho que quede únicamente eso —cuando escribo trato de ir solamente a lo esencial—; pero al acercarse uno a los recuerdos (lo sabe cualquiera que haya hecho la prueba), sobre todo de infancia, de la relación con los padres, con los maestros, con los primeros amigos, el experimento es doloroso. Con frecuencia se afirma que los años de infancia son los más felices; pero se trata de una frase que se dice sin pensar. Esos años pueden ser muy tristes: enfermedades, separaciones, experiencias nuevas que enfrentar, acercamientos a la realidad en los que todo puede ir mal; uno sale a buscar y a veces regresa herido: la realidad que suponía accesible le es negada, y entonces el niño se encierra de hecho en sí mismo, porque está desprotegido hasta para ir a la esquina solo, o a la escuela, ya no digamos para enfrentar a los demás, niños o adultos. Todas son vivencias más bien dolorosas que el recuerdo endulza.

—La mirada es benevolente con tus padres, en especial con el padre.

—Más que benevolente, justa. Mi padre aparece muy bien mirado porque el examen de los recuerdos que tenía de él me hizo comprenderlo; había pasado años con una imagen de él si no equivocada sí menos precisa.

—¿Cuál era esa imagen?

—De simpatía; pero muy superficial, por decir lo menos.

—El borrachín que no se ocupaba de la casa, y responsable en términos materiales...

—Mejor vamos a decirlo así: una imagen que se guardaba con cariño, la de mi padre, al fin y al cabo; pero que al ser reexaminada en las escenas de infancia que conviví con él, en sus experiencias de derrota, tristes, muy tristes, puede comprenderlo mejor y, quizá, por primera vez, amarlo.

—¿Cuál fue el aspecto de tu padre que te hizo recuperar esa imagen? ¿Qué fue ese algo que no te dejó desprenderte de él?

—No solo consiste en la relación padre-hijo. Al examinar mis recuerdos me encontré con la relación de mi padre con sus otros hijos: mis hermanos; con sus amigos, con mi madre, con la sociedad y la realidad. Es fácil decir que se trataba de un bohemio; pero ¿por qué lo era? Se ve en *Los buscadores de oro*. Tú usaste la palabra «borrachín», que hasta este momento he dejado pasar; pero, lo lamento, de ninguna manera es el calificativo adecuado, ni, en todo caso, el que corresponde a la bohemia como yo la entiendo: la que Rubén Darío llamó «inquerida», ni la de Puccini.

—Lo decía en el sentido de reproche con que se usa en la sociedad.

—Mi padre era más bien un atormentado, que en el alcohol encontraba alivio a sus tristezas en un medio que no comprendía, y que no apreciaba —ni merecía— lo que él estaba tratando de darle: revistas literarias de primera, periódicos decentes, publicaciones de una altura que esa misma sociedad, a la que él mismo pertenecía, rechazaba o sencillamente no entendía.

—Hoy, que eres un escritor reconocido y miras el esfuerzo de tu padre, ese emprendedor de proyectos que iban al fracaso, pero que ahora están llenos, especialmente para ti, de sentido, ¿fueron esas empresas una piedra de toque en la mirada amorosa sobre su figura?

—Sí; desde luego; al convertirme yo en cierta forma en lo que él no pudo llegar a ser, hay una mayor comprensión de aquellas cosas que se volvieron sus defectos, precisamente porque él no llegó a ser lo que quería. Por otra parte, su caso representa la situación de muchos posibles idealistas en nuestros países dejados de la mano de Dios: el fracaso —no quisiera usar palabras altisonantes, pero en fin— del ideal de muchísima gente, frustración que con frecuencia conduce a la vida de Bohemia, cuando —como en la situación de mi padre— se es compañero de actores, cantantes, músicos, poetas y hasta toreros fracasados, de todos esos que en un momento dado forman la famosa bohemia.

—¿Te sigue conmoviendo esa lucha?

—Si no fuera así no habría publicado la parte que le toca en el libro. No se trata de un homenaje sino simplemente del retrato de una situación que en el vi muy clara. Murió cuando yo tenía dieciséis años. Durante mucho tiempo prácticamente borré todo aquello de mi memoria; pero en el momento en que me puse a escribir este libro todo apareció muy claro y empecé a comprenderlo. Antes no tuve tiempo de reflexionar sobre todo eso porque la vida no me lo permitió. Tenían que pasar muchos años y suceder muchas cosas para que me pusiera a pensar en mi infancia.

—A tu madre, aunque la tratas con mucho cariño, la ves como de lejos.

—Eso tal vez se deba a que a los escritores nos atrae más la representación de lo negativo que de lo positivo; evidentemente lo primero es más complicado y más interesante. Mi madre fue una señora de antes, resignada; cuando mi padre murió, se retiró del mundo. Conviví con ella mucho tiempo posterior, pues cuando ocurrió mi primer exilio me siguió a México, en donde murió a una edad avanzada, en 1964; con ella el afecto y el cariño fueron vividos larga y normalmente; entendía muy bien lo que yo hacía y quería.

—¿No hay un reproche por no haber podido salvar a tu padre?

—No; nunca se me ocurrió que ella tuviera que haberlo intentado. ¿Por qué habría de hacerlo? Desde muy joven acepté, como ella lo hizo, la vida tal como venía; nunca tuve problemas de relación ni con mi padre ni con mi madre ni con mis hermanos. Tal vez la lectura y el ejercicio mismo de la literatura me impidieron desde joven pensar que mi vida o lo que me sucedía debiera ser de otro modo. Eso tampoco significa que yo aceptara pasivamente las cosas, ni que fuera un conformista. Siempre protesté cuando había que protestar y tomé posiciones ante la vida, específicamente ante la situación política existente en Guatemala. Pero cuando me detengo a pensarlo creo que aceptaba la vida, buena o mala, como algo que había que enfrentar sin ponerme a buscar culpables. Esto en el libro está presente. Había una vida de fantasía en la familia, y a esa vida estábamos entregados.

—El padre los contagiaba de sus ilusiones. La madre tenía los pies en la tierra... En estos casos los hijos a quien más quieren es al padre.

—En mi casa todo se aceptaba y se compartía, con la idea de que mañana las cosas se iban arreglar. No recuerdo en ningún momento el enfrentamiento de una situación conflictiva que no fuera incluso divertida. Nuestras lecturas comunes eran también de ese tipo: picaresca española, las aventuras de Gil Blas de Santillana o las de don Quijote, un poco más serias y dolorosas en medio de su humorismo. Siempre se tenía conciencia del mundo de la ilusión. Resultaba divertido: el mundo de la ópera, el teatro, los actores, los toreros que se habían vuelto fabricantes de chorizos, la literatura; no era una bohemia trágica; estaba bien llevada.

—¿Tienes afición por la cocina?

—No, no soy un gourmet, ni me interesa especialmente la comida refinada, tal vez porque en mi infancia y adolescencia no tuve muchas oportunidades de disfrutarla. La descripción de ciertas delicias que elaboraba mi madre en una gran cocina de una casa de mi infancia queda en *Los buscadores de oro* como un recuerdo grato; pero de ahí pasé a etapas en que anduve rondando el hambre, en mi primera juventud y más tarde en el exilio (he pasado por tres), y exilio y necesidades insatisfechas son casi sinónimos, se corresponden. Tal vez así me acostumbre a no pensar mucho en la comida.

—Cuando empezaste a escribir, ¿tenías claro lo que querías?

—Entonces tenía una idea muy vaga de que quisiera ser escritor; no muy clara antes de los diecisiete o dieciocho años; leía mucho y escribía algo desde entonces, pero sin esa conciencia, sin atreverme a aceptarlo, porque tal vez lo tomaba demasiado en serio.

—¿Escritor de qué? Celebran mucho tu inteligencia. ¿Eso te lo propusiste?

—No quiero parecer insincero: ¿inteligencia? Con frecuencia dudo tenerla, como le sucede a toda persona más o menos inteligente. Pero nunca dudo de mi emoción, de mi capacidad de vivir, de recibir de la vida lo que me ofrezca, y de responder a ello emotivamente: con tristeza, con alegría o con dolor. Pero la literatura, como se sabe, no se hace sólo con emociones. Tu pregunta podría interpretarse como si habré contado con alguna inteligencia para ordenar y dar cauce literario a esas emociones. Bueno, sí, ¿por qué no? Pero no quisiera que mis libros se tomaran sólo como fruto de la inteligencia; o de un trabajo de laboratorio, o libresco; quiero que sean producto de vivencias emocionales; de tipo intelectual, si se quiere, pero vivencias emocionales, como lo prefiero para la literatura. Si hubiera tenido otra clase de inteligencia, me habría dedicado a la filosofía o a la ciencia. Los relatos, los cuentos, las novelas, incluso ciertos ensayos de carácter personal tienen que reflejar emociones.

—Lo que escribes muestra muchas ganas de jugar, ironizar, satirizar.

—Sí; no. Tal vez sí.

—Tu obra tiene ese tono de juego; no la voluntad de herir de la sátira, de la ironía, no sé.

—Bueno, sí, quizás de herir; pero poquito, como quien juega florete y no tira a matar. El lector debería ser consciente de los golpes que el escritor le lanza, librarse de ellos como pueda y jugar su parte. Sin embargo, a veces resulta molesto, y hasta frustrante que por ciertos aspectos de la obra de uno el resto sea visto de la misma manera, pues no siempre es así. Si un escritor percibe que algún elemento irónico o satírico de su obra tiene cierto éxito entre el público, y se gusta a sí mismo, y se deja llevar por eso, se vuelve previsible y pesado. Por otra parte, hay momentos en que he llegado a estar absolutamente en contra aun de la mínima ironía, a la que he considerado un virus de la comunicación. Con su mal uso se puede llegar a perder un verdadero contacto con los demás, quienes en un momento dado ya no sabrán si les estás diciendo lo que verdaderamente piensas o tomándoles el pelo. De pronto ya no leerán sin prevención lo que dices, aunque les jures que quieres decirles exactamente lo que estás diciendo. Hay también algunos que se llaman a engaño si no les das lo que suponían que vendría de ti, y hasta te lo reclaman.

—Pero aunque has escrito otras cosas, hay un tono que está presente siempre: el juego.

—En el sentido más amplio, sí. Se juega a armar algo con los elementos que te da la vida, las cosas que ves, tus relaciones; vas a armar algo con tus experiencias: un cuento, una novela; lo hizo Chejov, lo hizo Thomas Mann. Armas el juego rompecabezas con fragmentos de vida que ordenas y desordenas, y vuelves a ordenar.

—La pasas mal escribiendo, según has dicho. ¿Qué sucede cuando terminas un libro?

—Mi aceptación de lo que he terminado es muy limitada. Siempre hay un temor; tal o cual parte no salió como la deseabas; podía haber estado mejor. Una cosa es lo que se intenta y otra lo que se logra. Lo dijo supremamente el poeta Gutiérrez Nájera: «Era triste, vulgar lo que cantaba / mas qué canción tan bella la que oía». ¿Habrá escritor tan tonto que piense que esto puede ser de otra manera?

—¿Y el ocio?

—El ocio que yo he podido disfrutar en la vida ha sido muy escaso, y a costa de grandes esfuerzos. Donde termina *Los buscadores de oro* empiezan los trabajos de su autor. Cuando cumplo quince años dejo atrás la infancia y entro en el mundo adulto del trabajo material para ganarme la vida y aun la de los míos, muchas veces en cosas que podían ser todo menos agradables o fáciles.

—Tus personajes sí conocen el ocio, como el doctor Eduardo Torres.

—El doctor Torres soy yo y somos muchos: el que cree que sabe de literatura y no es así, el que se cree un buen crítico y no se da cuenta de su confusión y su tontería. Es cierto que todos somos un poco el doctor Torres.

—¿Cómo nació tu afición por leer biografías?

—Por cierto cansancio de la ficción. Como escritor llega un momento en que corres el riesgo de llegar a saber cómo se hacen esas cosas: las novelas, los cuentos, los elementos que entran en cada uno de los géneros, y esto te puede crear cierto deseo de ir a cosas más concretas, que ya no son sólo producto de la imaginación. Hoy en día hay mucha demanda de biografías. Tal vez desde los románticos. Al público ya no le bastó conocer los poemas de Byron, quiso saber cómo era su vida, sus amores reales, cómo se relacionaba con los demás. Y él lo sabía, y actuaba sus aventuras también conscientemente para el público.

—¿Eres curioso?

—Como escritor tengo que serlo, aunque no debo hablar por todos. Me han interesado mucho las vidas de los artistas, a veces más que sus obras; y eso se ha convertido en un mal de nuestra época. Pasas de las biografías a las autobiografías y a las memorias, y descuidas las obras: el chisme sobre el poeta termina por interesar a la gente más que sus poemas.

—Los buscadores de oro es un libro muy depurado, distinto de tus obras anteriores, más suelto, un libro tranquilo, la obra de un autor libre, ya sin ironía, sin subterfugios. ¿Pero es cierto lo que dices ahí?

—La verdad pura. No quise meter fantasía; los personajes son y actúan tal cual los recuerdo, con la inocencia de los seres naturales.

—¿Cómo viviste la esquizofrenia cuando el personaje es el mismo autor?

—Como cualquiera que escribe este tipo de memorias, es decir, con la emoción de quien revive su propio pasado sin la posibilidad de modificarlo para producir un mejor efecto. Cuando escribo para crear un personaje, por ficticio que sea, lo trato como a un ser vivo que podría ser mi vecino, me interesa comprenderlo, lo veo todo el tiempo, me esfuerzo por retratar sus conflictos internos de la manera más realista posible. Si con todo esto no me llega a conmover, nunca se verá en letras de imprenta.

—¿Pero qué pasa cuando ese personaje eres tú de niño?

—Gran parte de lo mismo: me veo como otro. Si tendrá vida propia porque sea yo mismo o no, no lo sé. Creo que en buena medida, o hasta donde esto fue posible, el adulto escribió la obra como si aún fuera aquel niño.

—¿El niño escribió la obra?

—Por lo menos ese fue mi propósito a la vez que mi problema literario fundamental, pues por principio el niño no podía (ni el autor) echar mano de sus experiencias posteriores, de su vida posterior en diferentes países o situaciones. No podía reflejar el mundo de sus sufrimientos o satisfacciones de adulto, ni de las imágenes que ahora rodean al autor, sino únicamente de las de aquel en su tiempo. Por último, si siendo todo esto real alguien piensa que hay ahí cosas imaginarias, es algo que me agradaría.

1994